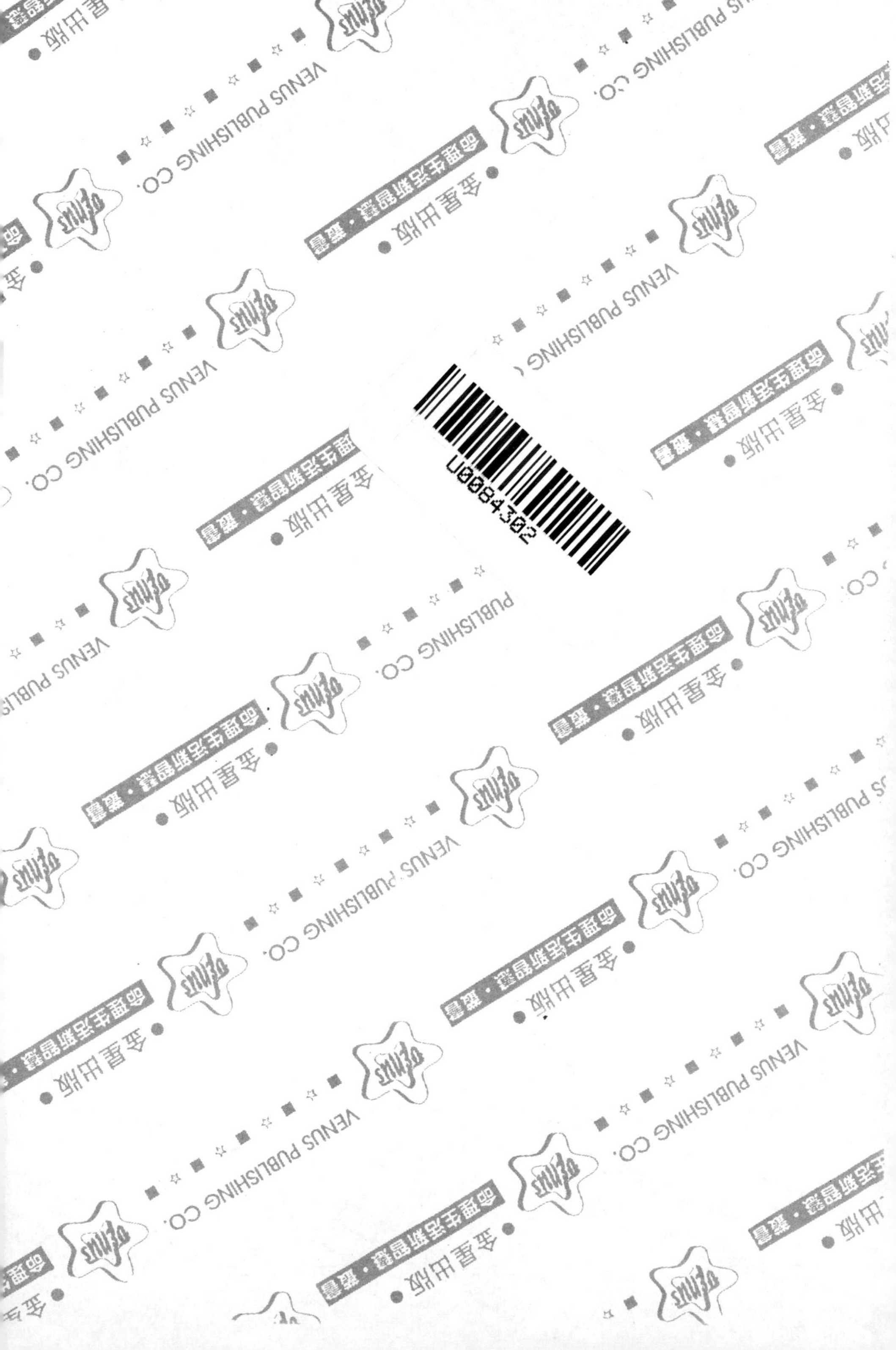

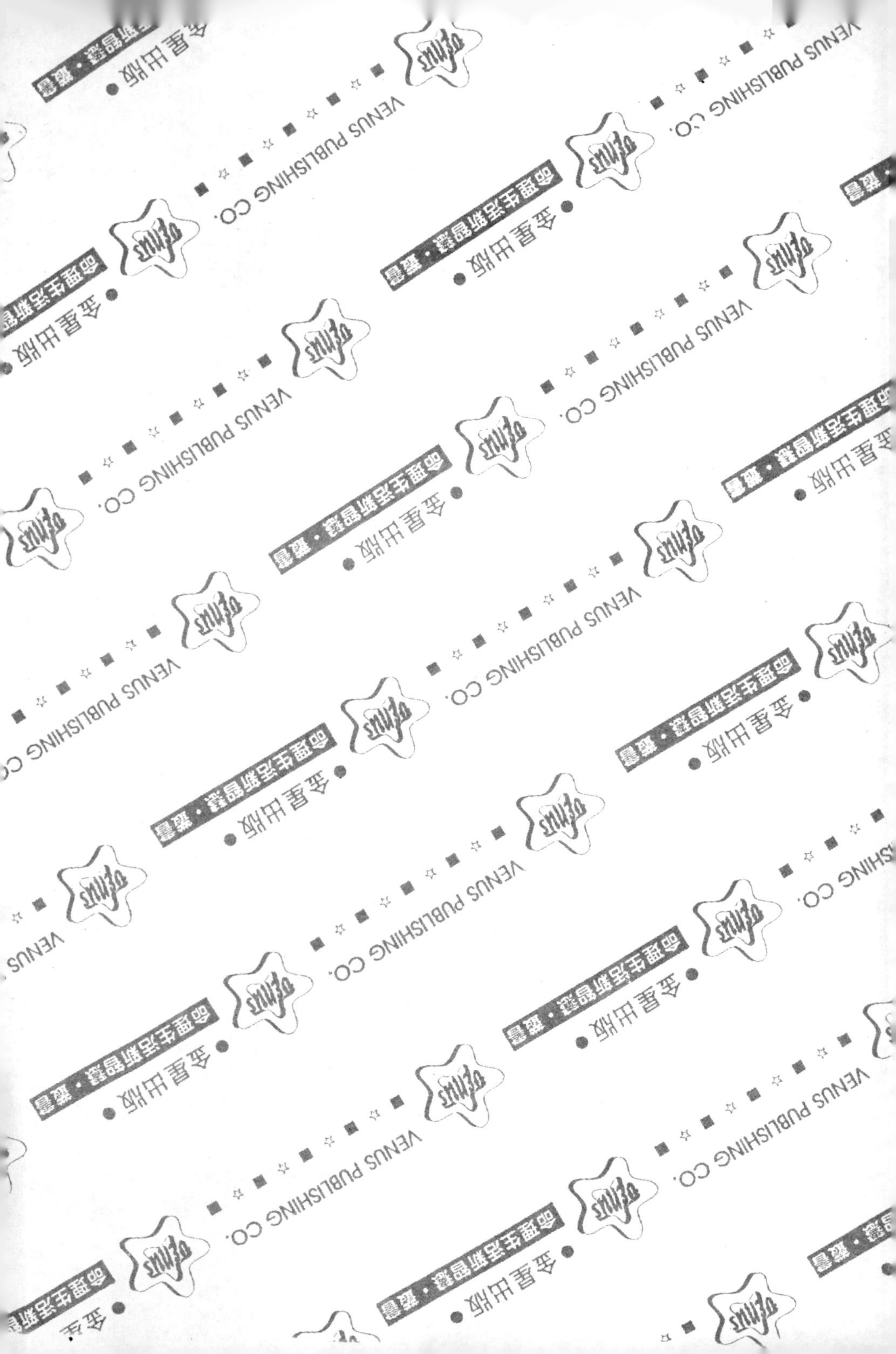

命理生活新智慧・叢書 53

# 羊陀火鈴

http://www.venusco555.com
http://www.fayin777.com
E-mail: venusco@pchome.com.tw

法雲居士⊙著



金星出版

國家圖書館出版品預行編目資料

對你有影響的羊陀火鈴／法雲居士著，--第1版.--臺北市：金星出版：紅螞蟻總經銷，2003[民92]

面；　　公分--（命理生活新智慧叢書；53）

ISBN 957-8270-45-3（平裝）

1.命書

293.1　　　　9102412

# 對你有影響的

作　　者：法雲居士
發 行 人：袁光明
社　　長：袁靜石
編　　輯：王璟琪
總 經 理：袁玉成
出版部主任：劉鴻溥
出 版 者：金星出版社
社　地址：台北市南京東路 3 段 201 號 3 樓
電　電話：886-2-2362-6655
址已變更
電　FAX：886-2365-2425
郵政劃撥：18912942金星出版社帳戶
總 經 銷：紅螞蟻圖書有限公司
地　　址：台北市內湖區舊宗路二段121巷28・32號4樓
電　　話：(02)27953656(代表號)
網　　址：http://www.venusco555.com
E-mail　：

版　　次：2003年1月第1版　　2004年8月新刷
登 記 證：行政院新聞局局版北市業字第653號
法律顧問：郭啟疆律師
定　　價：450 元

行政院新聞局局版北字業字第 653 號
(本書遇有缺頁、破損倒裝請寄回更換)

投稿者請自留底稿
本社恕不退稿



ISBN：957-8270-45-3 (平裝)



（因掛號郵資漲價，凡郵購五冊以上，九折優惠。本社負擔掛號寄書郵資。單冊及二、三、四冊郵購，恕無折扣，敬請諒察！）

# 序

這本書，一看書名便很尖銳和刺激。其實這是一套六冊的書，除了第一冊『羊陀火鈴』之外，另五冊是『權祿科』、『昌曲左右』、『化忌劫空』、『殺破狼』、『府相同梁』。

因為我在教學時，常發覺有學生對這些星曜的觀念和解釋上搞不清楚。也時常有讀者來電話或傳真問問題時，多五半都與這些星曜對人生的影響混淆不清。例如看到羊陀火鈴，就一定認為全是壞的解釋。看到文昌、文曲、左輔、右弼、化權、化祿、化科，就全做好的解釋。

這種在心理上頑固所造成偏見，多半是對星曜的認識不夠，體會不深所致。這樣，命就算不準了！同時在解釋上，也會與實際狀況差距很大。所以我特別提出這些星曜來做討論。一方面是以這套書做我上課的教材之用，再方面也提供給廣大讀者共享。

『羊、陀、火、鈴』這四顆星在紫微命理中是刑星。在每一個人的人命和運程中有一定的影響。這些影響，有些是當事人很清楚體會的，有些是當事人在不

知不覺中遇上的。沒有別人提及，甚至是混然不覺的，但是旁觀者都會看得很清楚，也明瞭此人是受何影響而導致的問題。

例如擎羊有善嫉、深沈、暗中謀略、明處搶奪的明顯特徵。倘若是擎羊坐命的人，他自己並不覺得有什麼不對或不好，但旁人卻感受刑星威脅的嚴重性。例如有火星、鈴星在命宮的人，性子急又暴躁，稍一不順心便爆開了。他自己也不覺得有什麼不妥，而且認為這很正常，這是根本讓人忍不住的嘛！但是這在溫和命格的人看起來，實在太沒品德了，而且覺得他是太沒自制能力了。這些現象都是當事人混然不覺有什麼不好的地方的。

『羊、陀、火、鈴』雖是刑星，但也絕然不是全沒益處的。在命理學中每顆星、每件事都有一體兩面，沒有絕對好或絕對壞的問題。這是在古時易經中就已教給我們的經驗法則了。因此每一顆星曜都有好的一面和壞的一面。但是星曜『必詳乎得垣失度之分，才能明其生剋之要』。星曜要先看旺弱及居於何宮，才能定出其對我們命格是有益、無益？加分還是減分的？

凡是吉星都是溫和的星，在廟旺的時候，是非常吉祥如意，吉得多的。吉星在陷落時，是吉得少，有時也會無力，或甚至造成災害的，例如天相居廟時，能

享福。天相陷落時，有災禍、不順、財窮的問題。

凡是煞星都是衝動、較粗暴、直接沖剋、行動快速、或暗自陰謀搞破壞的現象。有時衝動和行動快速，也未必不是好事，反而會有行動力、較發奮圖強，可衝破難關。有時暗自陰謀多，也未必不是好事，也可能反而多謀略、有機謀，能打破藩籬，把事情做成功了。例如擎羊是善嫉、又愛計較的星曜，倘若在命宮或遷移宮，對人的影響很大，會因善嫉、又愛計較，讀書時功課好、學習能力強、自我要求高、在這些讀書競爭的方面，反而是對人有益的。但是這也要先決條件是居廟位的擎羊星較可成為有用的人（在辰、戌、丑、未的擎羊）。在子、午、卯、酉的擎羊是陷落的擎羊，只會使人煩亂、只計較自己能享用的吃食好處，或是別人對自己的關愛多不多，一些雞毛蒜皮的事。唸書、做事、在能力自約上的、以及會提升自己人生地位的事全不做。這就不算是對自己真好了。因此煞星、刑星，能對人有好處的時候，只在廟旺之時，居陷時，是為禍最烈的，傷災、災厄不斷，令人頭痛。

在這六本書中，我將詳細的討論這些吉星與凶星所謂善的一面和惡的一面。這其中許多問題的探討，將會打破人們以往觀念的藩籬。也會打破你以前的觀

念。告訴你凶星、刑星，如何善得好、又如何惡得好。而吉星、福星又如何善得壞。這些不為常人所知、不為常人所熟悉的問題，我想是很多研究紫微命理的人所想知道的吧！

最近我常碰到一些朋友告訴我說，他研究紫微命理有二十多年了，有些人甚至十五、六歲就開始學命理，而且拜師無數，十分得意！但是我卻替他們難過。因為浪費這麼多的時光，也沒學好。到底是老師不行呢？還是學生頭腦有問題呢？古時候徒弟是三年出師的，任何一個行業都是三、五年便要熟能生巧、發展出自己的天空來的。如此消磨了六、七個三、五年，實在可悲！也不值得鼓勵。我想這些人的命格中真的是有『羊、陀、火、鈴、劫空、化忌』吧！

因此特別寫出這套書出來，提供大家在學習命理途徑上迅速抓到方向、以及可迅速掌握算命機制關鍵的內容，供大家參考。在此與讀者共勉之！請記住喲！學命理，自學者，三年有成。有老師教的，一年也應該會成。千萬不要學二十年仍不成，還要洋洋得意，那就是腦子壞掉了！

法雲居士　謹識

命理生活叢書53

# 目錄

羊陀火鈴

# 第一章　擎羊的善惡吉凶

開宗明義第一章談『羊陀火鈴』的善惡吉凶，大家會奇怪？羊、陀、火、鈴都是刑星，那還有吉善呢？如何談吉凶呢？

其實不然！我常講，星曜和人一樣，都有善的一面和惡的一面。所謂『吉星』，就是對我們有利的條件較多，不利的條件較少的星曜，我們稱之。『煞星』、『刑星』就是對我們有利的條件少、不利的條件多的星曜稱之。吉星也同樣會有對我們不好或不利的條件問題。而煞星、刑星、凶星亦同樣會有對我們產生好的影響力的條件。因此大家要多去發現、體驗、紫微命理才會學得好。不要太頑固拘泥於某些固定的解釋和

觀念，範圍太狹窄，算命也就不見得準確了。

# 第一節　擎羊的善惡吉凶

## 擎羊的來源與出處

擎羊屬於刑星，在命理中之解釋，多半是刑剋方面惡質的解釋。到底擎羊是一顆什麼樣的星？為什麼有這麼多的殺傷力？它到底有沒有好的一面，是否有對人具有益處的地方呢？

擎羊就是羊刃，在八字學中就稱做『羊刃』。『刃』是『旺逾其度』的意思。而且是陽干才有的。它是陽干到了臨官為最旺，到了帝旺之位，就超過了，故曰：『旺逾其度』了。它與『劫』不同，而取『劫』的半邊字，稱之為『刃』。

※五行旺、相、休、囚之程序，以地支十二宮分配之，則為胎、養、長生、沐浴、冠帶、臨官、帝旺、衰、病、死、墓、絕。也稱做『十二長生神』，代表天地間時序變化的過程，亦代表人運氣起伏循環的一個過程。

因此：甲刃在卯。丙戊刃在午。庚刃在酉。壬刃在子。

甲、丙、戊、庚、壬都是陽干。是故擎羊（羊刃）是屬較陽剛之氣的。

在八字學中，陰干是沒有『刃』的。陰干以帝旺為極旺。過了此極旺之位，就進入衰位。若退至臨官，也是不旺、不衰，故陰干是無『刃』的。

## 陰年生人的羊刃在四墓

但在紫微命理中，乙年的擎羊在辰，丁年擎羊在未、己年擎羊在未，辛年擎羊在戌，癸年擎羊在丑。你會發現乙、丁、己、辛、癸等年的擎羊會進入四墓庫，於是擎羊居廟，就有了變化。和原先的擎羊（羊刃）性質會有所不同了。

## 陽年生人的羊刃居陷較凶

甲、丙、戊、庚、壬年生的人，是陽年生人。甲年的擎羊在卯，丙年擎羊在午，戊年擎羊在午，庚年擎羊在酉，壬年擎羊在子。你會發現這些擎羊全會進入子、午、卯、酉四敗地，因此較凶，是陷落的擎羊。

擎羊進入四墓地，就限制了它某些惡質的性質，反而發展出一些另

類的體質，這也是我們後來要談的，屬於擎羊善的一面的問題了。並且在世界上一些有名的人物中，有非常多的人，命宮中都有擎羊在墓地居廟的這顆星。而擎羊居陷在命宮能成為有用的知名之士，也會有，會少一些，容後慢慢分析之。

## 擎羊的內容與代表意義

擎羊星就是八字中的羊刃。五行屬庚金，在斗數中化氣為『刑』，主刑剋。為上天刑罰之宿，會刑剋六親，主凶厄、外傷。此星又名『天壽』。

**擎羊入命宮時**，要看坐落於何宮，亦要看同宮的星曜是那些星，或是相照的星曜是那些星，才能定出其人的身材胖瘦，及臉面的顏色。例如在辰、戌宮時，臉面會發青黯，或膚色較深，以獨坐辰、戌宮較明顯。如有機梁、廉府同宮或相照者，則會較白或不明顯，形成略發黃的青白色。

**擎羊獨坐命宮時**，其人都有一共同特色是：『羊』字型臉，尖下巴，擎羊居廟時，稍胖壯、骨架硬。擎羊陷落時，則瘦或瘦小。頭臉有傷痕、破相、亦或有傷殘、眇目、麻臉的狀況（這是刑剋極重之人會有的現象）。

**擎羊居廟入命宮時**，其人會性格剛毅果決，喜掌權威，具有機謀及應變能力。這是擎羊對其人有用的一面，如能得到善用，其人可成功。但仍脫不了易剛暴、霸道、不仁、固執、奸滑、以及遠離家鄉、離祖、或六親無依、孤單之人生。

**擎羊居陷入命宮時**，其人的性格反而常是想得太多、防人太嚴，或又懦弱、陰險、沒主見，又衝動、耳朵軟，易受人鼓動、搧風點火、感

情用事、記恨心強、有理說不清、自己沒遠見，又自以為是，不願接受別人意見。遭了災又埋怨別人，委過於人。他們同樣也易遠鄉離祖、六親無依。且擎羊陷落入命宮者，壽命多不長壽，身體也不好，身體多傷災，或易遭傷殘。尤其以臉上有麻臉、斜眼眇目者、刑剋重者、最為嚴重。且有凶死橫夭之兆。以卯酉宮較嚴重。子、午宮次之。三方有巨、火、羊相照者，自殺或凶死則較嚴重。

**擎羊星像一根針**，或是蜂針，刺在一個人的身上，不論擎羊是出現在那一宮，就像針刺在那個宮位所應和的事情上。**例如在命宮**，這個人就非常敏感，敢愛敢恨，容易嫉妒，會由愛生恨，記恨心又強烈，也容易刺傷別人或自己。更容易多煩惱，常頭痛、四肢無力、是非多、感情波折多、身體上易有血光。其人也愛競爭、愛爭執、不肯服輸、好勝心強、會不擇手段的達成目的。縱使危害他人，或會犧牲自己周邊最親近的人，也再所不惜。

**在遷移宮**，其人也容易有上述現象，但稍微輕一點。在外易有傷災、車禍事件，或多遇小人。其人較易孤獨、有時不愛出門。亦會保守、有時不愛與人打交道，會躲避人緣關係。

**在兄弟宮**，其人的兄弟姐妹讓他頭痛，會剋害他。兄弟姐妹中有較凶或較陰險的人，對他不好。成年後，少來往便無礙了。同時也表示兄弟姐妹中亦可能有傷殘者及懦弱者。如兄弟宮有『天同、擎羊』時，會有身體傷殘或精神、智力有問題的兄弟姐妹。有『天相、擎羊』時，亦會有懦弱或傷殘之兄弟姐妹。他們會成為你的負擔。

**在夫妻宮時**，表示配偶是無行的人，容易讓你頭痛。配偶是心機重、凡事計較，性格剛烈、嫉妒心強、記恨心也強，凡事要爭強鬥狠的人。其本人的內心世界，也會是較黑暗、陰險。所想的、所做的事都是對自己無利益的事。也容易和配偶衝突、受到傷害。

**在財帛宮時**，表示在錢財的享用和賺取上受到剋制。會因自己思想上的不實際，或頑固，和財富有一段距離。也會因外在環境不佳，小人多、競爭多，阻礙了你的財路，並讓你耗財凶，可花用的錢財少。

**在官祿宮時**，表示在事業上的競爭、爭鬥多，工作的辛苦和困難也多。你在工作能力上也打了折扣，所以應付起來倍覺辛苦。**擎羊居陷時**，容易中途遭災而失業，或工作斷斷續續、不順利。

**在福德宮時**，表示你在天生福氣上、享用上受到刑剋，你容易多煩惱、鬱悶、操勞不停，身心俱疲。也容易享受不到好的生活享受，而且壽元不長。

**在疾厄宮**，則多傷災、破相、身體有毛病、要開刀。有血光之災，甚至有肝病、腎病、心臟病、頭上、腦部之疾病，或大腸、肺部之疾病、眼目有疾、高血壓、羊癲瘋、中風等毛病。

## 擎羊有減分的意義

擎羊的代表意義，我們若以八字和紫微斗數相配合起來一起看，便會一目瞭然。擎羊是羊刃，主刑剋，在我們的命格中，有時是減少的作用。例如你會生長在何種環境的家庭，一生中有何種富貴，八字中的八個字，或紫微斗數中的命盤格式，就給了你一個大概的規格，然後看羊刃在八字中的那一支，或在紫微命盤上那一宮，就知道經過修正後的、你的命理格局是什麼樣的格局了。同樣的，陀羅、火星、鈴星也具備這種修正、減少、增多的功能。

**在這種實際減少、或增多的功能中**，擎羊也要論廟旺和陷落來分別減弱的層次。例如擎羊居廟時，會在某些方面看起來有減弱現象。多半

在『財』的方面會稍有減弱或耗財，但在努力打拚、強悍與意志力、機謀方面則有加強作用，算是加分的。**而擎羊陷落時**，則無論財和事業運，努力打拚、意志力、機謀是無用的機謀（是對自己無利的多想，或不被人接受喜愛的陰謀），是故擎羊陷落時，都是減分、不吉、遭災的現象。

## 擎羊在六親宮有刑剋的意義

**擎羊在六親宮**，如在父母宮、夫妻宮、子女宮、兄弟宮、僕役宮、命宮都有管制、不和、不能相互接受對方意見、思想相左，及價值不同的問題。但也要看旺弱來分辨問題深淺。例如**在父母宮，擎羊若是居廟的**，就表示父母很強悍、很凶，常會罵你、挑剔你。其實他們是訓練你、希望你成材。你和父母他們的性格不相同，無法接受他們的思想和

做事方法，是故你心中會有不平衡和不滿的地方。你自己覺得是和父母不和的。但父母卻不一定這麼想，有時父母還不知道你在抱怨他們呢！只是會想，『怎麼搞的?這個小孩常不聽話，也不知心中在想什麼?』

**倘若父母宮的擎羊是陷落的**，你和父母之間的關係就很惡劣了。很明顯的擺明了彼此無法相處。有時候是打罵教育、有時是根本不管你，也不關心你，形同陌路。有時父母是傷害你最深的人。

## 擎羊在事宮主宰富貴吉凶

**擎羊在事宮**，如財帛宮、事業宮、田宅宮等，也要由旺弱來分富貴的多寡享用。**例如在田宅宮、擎羊居廟時**，還會有至少一棟的房地產。表示家中人較強悍、爭鬥多，但還有制衡，你雖頭痛，只要不輕舉妄動，仍能分到家產。**若擎羊陷落時**，表示家中有小人，陰險的爭鬥多、

房地產全無，也無法分到家產。你的財庫有一個大破洞，根本留不住錢財，而且錢財快速流失。家中的人也讓你頭痛、和無法應付，家中有品德不佳的人，或常爭吵不休，或家中人的相處方式讓你頭痛。因此你在財運上和家庭支持力上是根本沒有支撐的，想要享受富貴人生也就不可能了。縱使有暴發運，也只是一、二年的好時光，最後還是窮困的。

## 擎羊主宰壽元及生命資源

擎羊無論出現在命宮、財帛宮、官祿宮、疾厄宮、福德宮、遷移宮、父母宮、子女宮、夫妻宮等宮，都會影響到壽元和生命資源。

**擎羊出現在『命、財、官』三方**，是直接對生命資源做減分作用，自然在壽元上也會有影響。

**擎羊在疾厄宮**，容易多傷災、開刀事件、身體不佳、有血液方面的

毛病，身體資源較弱。**在福德宮**，容易有精神疾病、憂鬱症，自然也影響到生命資源和壽元的問題。**擎羊在父母宮**，是由父母遺傳之先天體質不佳。**擎羊在子女宮**，是你本身的生殖能力不佳，會有腎虧或子宮開刀現象，或不想生子女。**擎羊在夫妻宮**，是內心狹窄、心窮、自私、內心受到刑剋。**擎羊在遷移宮**，會多車禍、傷災、環境不好。這些都是會影響到生命資源的問題。也會影響到壽元長短的問題。

所以縱觀擎羊在整個命盤，或在人一生中的影響是十分大的。是不能輕忽它的。但我們可利用我們自己得知的命理知識來修正它。使它導向對我們人生有利的一條途徑，『擎羊』這顆星也就未必可懼怕的了。

# 第二節　擎羊在命格中所形成的格局

## 1.『馬頭帶箭』格

此格算是吉格。是指擎羊單星坐命午宮，對宮有天同、太陰在子宮相照的格局。因遷移宮中有居旺的天同和居廟的太陰，而環境是溫和、多財的環境。其人雖擎羊在午宮居陷坐命受剋，但所遇之環境好，因此處處吉祥。其人會多謀深慮、陰險，但周遭全是溫和禮讓之人，故其人可化殺為權，成就大事業。

## 2.『刑財』格局

凡是擎羊和武曲、天府、化祿、太陰等財星同宮，皆為『刑財』格

# 羊陀火鈴

局。但要分擎羊的廟旺與陷落，與財星的旺弱程度，各有不同的『刑財』層次和意義。(請參考《如何觀命、解命》一書中的刑財部份)

**例如武曲和擎羊同宮在辰、戌宮時**，雙星居廟時的『刑財』格局。雖然是刑財，但不算是最凶的刑財。財是會刑得少一些，但仍有財。這是因本身固執或自己思想上、想法上和實際得財上有差異，或是自己放棄賺而刑的財。

**當擎羊陷落逢財星時**，是他人介入，小人或惡人介入所刑的財，因此刑財較凶。

**例如壬年生的人有武曲化忌，天府、擎羊在子宮或午宮的刑財**，就是一種小人或惡人介入刑財，且帶有是非糾紛的刑財，雖武曲、天府在子、午宮仍居旺和居廟，但財就會少的很多了。

**例如太陰、擎羊在戌宮時的『刑財』格局**。太陰居旺，擎羊居廟，

這是一種情感上的強悍與固執，帶有自私，極力維護自己利益，胳臂肘往內彎、心態思想太保守的狀況下，所造成的一種『刑財』。仍會有一些財，不會完全刑光。

**例如太陰、擎羊在辰宮同宮的『刑財』格局**，這是太陰陷落，擎羊居廟，這也是本身思想上財窮，又頑固，強力維護自己，有自私心態，完全放不開，而造成的『刑財』。因為此時是擎羊居廟在主導整個狀況，比較強勢，陷落的太陰只是依附在擎羊之旁。

**例如同陰、擎羊在子宮的『刑財』格局**，天同居旺、太陰居廟、擎羊居陷，這是太溫和、受外在劫入的方式，以及小人暗害或自己產生陰險思想，自己產生在某些事務上有懦弱想法，以致危害到自己的財被刑掉了。這種『刑財』就會較凶。所剩下的財雖有一點，但根本不會太多，會直接感受到財少的困境。

**例如同陰、擎羊在午宮的『刑財』格局**。這是本身就很窮、又溫和懦弱、受制於外在小人劫入的狀況，無財又再被刑剋時，是窮困無財還多遇災厄的。

**例如太陰、擎羊在酉宮的『刑財』格局**，此時太陰居旺、擎羊居陷。太陰是溫和、柔軟的財星，也是感情之星，最怕有擎羊來刑剋。在這個『刑財』格局中，主要是由於自己本身在感情上的自私、懦弱，而招致小人、惡人有機可趁，來趁機劫入，所造成在『財』方面的刑財。因此這種格局中的『刑財』，包括刑剋到人緣、感情和錢財。

※**太陰和擎羊同宮的『刑財』**，不止刑的金錢上的財也還包括了刑剋人緣、愛情、感情等人生資源上的財。

※**武曲和擎羊同宮的『刑財』**，也不止刑的是金錢上的財。亦包括刑剋了政治利益及政治上的權力。故此格中的『刑財』格局，實際上

也是略帶有『刑印』或刑剋政治勢力的意味。會對政治問題雖關心，但不喜插手。也會在政治鬥爭中爭鬥凶，且煩惱稍多、不易贏。

**※天府和擎羊同宮時的『刑財』**，會使天府的儲存能力下降或喪失。所有的財星，都不適宜和擎羊同宮。天府和擎羊同宮時，會陰險狡詐、不正派，且會因為太斤斤計較，但計算能力仍不好，有另類的計較方式而財少。

**『天府、擎羊』在丑、未宮，雙星居廟時**，擎羊的強悍力量也是超過居廟的天府星的。凡事會由擎羊來主導。好爭、好計較的狀況十分嚴重，若是入命宮時，也會性格強悍，對人有拔扈的態度，此即為擎羊力量的展現。此時的『刑財』是由於其人本身思想上的頑固及不周全，自以為是、計算利益的方式有問題而『刑財』。雖被刑，因天府居廟，仍有財。但自私、貪赧的狀況十分嚴重，在人緣係上，有讓人害怕的情況。

# 羊陀火鈴

**『天府、擎羊』在卯、酉宮時的『刑財』狀況**。在酉宮時，因天府居旺、擎羊居陷。此時『刑財』較深。此時是本身懦弱，不敵小人的侵入、劫入，故『刑財』或劫財較凶。會失去很多財，甚至會顯出不富裕的狀況。此時是和在『丑、未宮的天府、擎羊』在財富上有很大差距的。並且，此格局有陰險、不行正道、思想有偏差、計算能力不好，貪心、自私、為謀小利，或用懦弱及隱忍的態度，繞了其他的路去想得到利益，結果反而吃虧的『刑財』狀況。此格局只有一般普通人、尚可溫飽的衣食之祿。

**『天府、擎羊』在卯宮時**，天府只在得地之位，是最低的位置了。擎羊又居陷，故此時的『刑財』格局是錢財不多的小小財庫，又遭到刑

財、劫財，因此是生活層次略低的普通人層次，且時常有窘迫現象出現的『刑財』格局。此格局中絲毫看不出富有、富足的狀況，且會因自己頭腦不清，能力不足、愛偷懶、計算能力不佳，甚至智慧不佳，又愛陰險耍詐、貪小利，而更財窮。刑財、耗財、留不住財。此時的『刑財』格局，也會造成其人身體上會有傷殘現象。

同樣的，**『太陰、擎羊』在卯宮**，雙星俱陷落時，原已無財，又被刑剋財，其人身體上也易傷殘。

因此，當一個人手邊或命中的錢財資源被刑光之後，再遇刑財，就會刑到人的身體資源上，會命短或身體有傷殘現象了。

**化祿、擎羊同宮的『刑財』格局**，都是『祿逢沖破』。對祿星有直接沖剋現象。化祿不論跟隨任何主星，和擎羊同宮，都有耗財、劫財的問題。財就會減少了。化祿跟隨財星，如武曲化祿，再加擎羊（要看廟

# 羊陀火鈴

陷），財祿就減少了。武曲化祿居廟時，財非常多且大。有居廟的擎羊，雖財減少，但仍龐大。但比沒有擎羊時的武曲化祿，少了許多。**若是武殺、羊同宮時**，『武殺』是『因財被劫』的格式，武曲本就居平，財很少，再遇陷落更凶的擎羊，再加上七殺，是雙重劫財。那堪如此劫財，因此會有身體上的問題或傷殘現象了。

**若是『太陽化祿、擎羊』在戌宮的刑財**，此時太陽是居陷帶化祿、擎羊居廟，擎羊的力量大。而太陽是官星、事業之星，居陷帶化祿，在事業上所得到之財是晦暗事業之財，很薄弱，又遭刑財，財更少了。此格局若是做軍警人員，用擎羊居廟的力量，尚可溫飽。若是做生意、做文職，鐵定窮困。

## 3.『刑運』格局

**所謂的運星，有兩種：一種指的是天機星，一種指的是貪狼星。**天機星和貪狼星在運氣上的動感路線是不一樣的。天機星的運氣動態是上下起伏、升降的變化動態感覺。而貪狼的運氣變化是左右、前後、橫衝直撞的變化動態的感覺。因此**天機居廟時**，運氣是在變化中向上翻騰，愈變愈好的。**天機居陷時**，運氣是向下變化，愈變愈墜落谷底，愈變愈壞的。而**貪狼居廟時**，好動、向外跑、出外便能得到好運。例如武曲、貪狼同宮時，是具有『武貪格』，暴發運格，向外便能撞到財星，好運特多。**貪狼居陷時**，是和廉貪同宮在巳、亥宮，是人見人厭、活動力也不強，亦沒有好運，也不大愛動、不愛出門了，是煩惱多、又無用的狀況。

**天機、擎羊同宮是『刑運』的格局**。若是在子、午宮，天機居廟，擎羊居陷時，此人會有聰明過頭，以至於陰險的方式。亦會太聰明、想得多，而在某些時候，有懦弱、貪便宜的想法。因為內心的思慮太複雜，以致於會失去很多機會和運氣。

『**天機、擎羊**』**在丑、未宮**，此時天機居陷、擎羊居廟。實際上是由居廟的擎羊在主導一切。其人會運氣、機緣都不好，智慧也不足，但仍要主宰、主控一切。因此這是運氣不好，還凶悍、好爭，情況更見急迫、不吉，傷災和身體上、精神上的傷剋是會很明顯的。

『**天機、天梁、擎羊**』**在辰、戌宮時**，此時的天機居平、天梁居廟，擎羊也居廟。在此格局中說是『刑運』，又是『刑蔭』，但擎羊因居廟，智謀、戰略都很強，心中多煩憂思慮、智慧會較高，會用盡心機去謀劃，又能用強悍、強力攫取的方式去獲得。因此十分辛苦，也只有他

自己知道，別人並不一定看得出來。日本首相小泉純一郎即是『天機、天梁、擎羊』坐命戌宮的人，仍有機會坐上高位，即是擎羊發揮了效力。

**貪狼、擎羊在辰、戌宮的刑運格局中**，因貪狼、擎羊雙星居廟，而此雙星又都坐於墓宮，因此會限制了貪狼的活動力。若是此格局在命、遷、福等宮，就很明顯的不愛運動，喜歡待在家中。尤其行運在此宮位時，更不愛與人來往，喜孤獨了。這就是『刑運』格局給此人帶來的影響。但是倘若此人有心中極重視的事務，和心中極想得到的東西，他也會打破靜守的狀態，突破心理障礙，去努力達成或想辦法得到他心中想要的東西，而突破『刑運』的格局了。

**貪狼、擎羊在子、午宮時**，因貪狼居旺，擎羊居陷，此時，亦會因不愛動，受心態的限制，有內向、躲避人緣機會，而刑剋運氣了。亦會

# 羊陀火鈴

因有一些懦弱、放棄的思想，形成明顯的『刑運』狀態。

**紫貪、擎羊在卯、酉宮時**，紫微居旺，貪狼居平，擎羊居陷。在這個格局中，貪狼居平，本來運氣就很少、很小，陷落的擎羊不但刑運，而且挾持帝座，像小人在皇帝的身邊，挾天子以令諸侯。紫微本來是可力圖使運氣少的貪狼平順一點的。但此時本身受挾持，也無能為力了。是故『紫貪羊』的格局要比『紫貪』陰險狡詐得多。紫貪也被擎羊刑剋得很厲害，是根本無運可談了。其人性格也會懦弱怕事，常對運氣判斷錯誤，對人常有懷疑提防之心，對人不真誠，常表面對人好，一會兒又閃閃躲躲，換了想法或態度了。

**武貪、擎羊在丑、未宮時**，擎羊和武曲、貪狼皆居廟位。這時的武貪更增加了強悍的力量。但是武曲財星和貪狼運星仍是被刑剋的。可是此時武曲財星被刑會比較明顯，而貪狼運星被刑較不明顯的被看到。主

要是因為感受財多不多，較容易感受到。感受運氣被刑，比較慢。此種格局的意義是用強悍、頑固、多謀多慮的機謀想去得到有關錢財方面的好運。但是想得太多，會左右為難或前後失據，反而得到的錢財變少了。因此總歸還是刑運、刑財之格局。

（有關『刑運』、『刑財』的格局，可參考法雲居士所著《如何觀命、解命》、《如何審命、改命》、《如何轉運、立命》三本書中有詳細介紹。）

## 4.『刑官』格局

所謂的『刑官』，『官』指的是官星。也指的是事業之星，官星有那些？**官星有紫微、太陽、廉貞、天梁**。『刑官』格局就是上述這些星和羊、陀、火、鈴等星同宮或相照時的情況。以同宮時的狀況較嚴重相照

時較弱一些。

**「紫微、擎羊」的刑官格局**：『紫微、擎羊』在子、午宮時，在子宮時，紫微居平，擎羊居陷，有這種格局時，更真是一般小老百姓的、又不算順遂的『刑官』格局了。因為紫微居平、趨吉、造福的能力不強，雖為帝座，又被擎羊這個奸佞的小人所挾持。是故事業肯定是差的，且是非波瀾很多，也容易有斷斷續續的工作，及工作不長久的現象。並且擎羊居陷時有懦弱、退縮、拖延、沒擔當、想逃避的想法，是故事業是肯定好不起來的。

**「紫微、擎羊在午宮」的『刑官』格局**：此時紫微居廟，擎羊居陷。這是正直的帝王旁邊有奸佞的小人存在。當帝王心情搖擺不定時，就會被小人脅持。當帝王心情穩定時，也能制服小人，不受其影響。因此這種刑官格局是有時會在工作上打拼、有時會退縮、拖延、受阻礙、競爭又多又激烈的。自然，這要比完全沒有擎羊存在時的『紫微獨坐』形態的事業運會差了一截了。而且永遠會有一個競爭者在你的事業上出現。讓你容易有『既生瑜，何生亮』之感。總有一些遺憾。

**在『紫貪、擎羊』的格局中**，它是『刑運』也『刑官』的格局，肯定也有事業、工作斷斷續續，不長久之貌。

**在『紫破、擎羊』的格局中**，它是『刑官』又製造破耗及爭鬥的格局，一生中會有一個大事件，不是在事業上有一個大破耗，就是身體有傷災、事業也是起伏停頓的狀態。

**在『紫相、擎羊』的格局中**，這是『刑印』兼『刑官』的格局。會因為懦弱無法掌權，沒有領導力而影響事業的發展。也會有起伏、斷斷續續、不長久的問題。

## 『太陽、擎羊』的刑官格局：

太陽有許多意義，既代表男性，也代表事業，也代表公家機關。**太陽和擎羊同宮時的『刑官』格局在辰宮時**，太陽居旺、擎羊居廟，表面上看起來在事業上很辛勞，工作還不少。競爭者多，其本人也肯努力打拼，但十分辛苦。而且容易做到理想高、不實際的工作，或是賺錢不多，實質價值少的工作，或是吃力不討好的工作。因此這種刑官格局，對其人的影響就是在工作或事業上收獲不多，而煩惱多的狀況。自然在升官上也不是那麼順利，也總有競爭者出現了。

**太陽、擎羊在戌宮時的『刑官』格局**，是原本事業運就晦暗不明了，又有競爭、惡鬥出現。其人常會意興闌珊，有懶惰、退縮，不想競爭的現象。因此工作會停頓、不長久，這是『刑官』較為嚴重的格局。

**『太陽、擎羊』在子宮的『刑官』格局**，此時太陽居陷、擎羊也居陷。有這種格局時，其人更會懦弱、多想、退縮。在事業或工作上出現的小人或競爭者，多半是暗中出現的，防不勝防，自然事業也會不長久，起伏多端了。這也是極為嚴重的『刑官』格局。

**『陽梁、擎羊』的格局中**，這是『刑官』又復『刑蔭』的雙重格局，會因自身的某些思想造成其人在事業上的不順利，也不想得到別人的幫助。或是其人自身的腦子不清楚，所想找的貴人，卻是會阻礙他，會對他實際沒幫助的人，所以有這種格局的人，亦是工作斷斷續續、沒法長久的。

**『日月、擎羊』的格局中，在丑宮**，太陽居陷，太陰居廟，擎羊居廟。**在未宮**，太陽居得地之位，太陰居陷，擎羊居廟。由這些星曜的旺弱中，我們可以看出擎羊都是居廟的，故有其強悍性、擎羊主導整個的格局，較強勢。在此格局中可說是『刑官』又『刑財』的格局。**在丑**

# 羊陀火鈴

**宮**，因太陰居廟，暗藏的財多，刑不完，故仍會有一點小的餘財，但只夠糊口。**在未宮**，太陰居陷無財，太陽也只在得地之位，又被刑剋，可偶有一些工作，在丑、未宮的『日月、擎羊』都是工作不長，斷斷續續，會因想到得多、計較多、懶惰、奮發力不足而整個人生和事業沒有發展。

**『廉相羊』的格局中**，是『刑囚夾印』的格局，也是『刑官』和『刑福』的格局。因為會在子、午宮出現，故擎羊居陷，是極凶的刑剋。這是本身的懦弱、無法掌權、頭腦不清，是非不分，容易讓人看輕、看不起，對他的態度不好，處處受欺負，間接影響到工作事業上的發展。有『廉相羊』格局的人，會受環境的逼迫持續工作，或遭人解僱，這完全要看當時的狀況而定，但事業上永無升遷和發展的機會。在此格局中，廉貞居平，天相居廟，擎羊居陷。廉貞居平，智慧不高，且

受陷落的擎羊刑剋，是懦弱又陰險、有奇怪的自我退讓、退縮，用犧牲的方式想得到同情，又根本得不到同情。天相是福星居廟，但被擎羊刑剋，故根本享受不到應得之利益好處，也得不到別人的同情。這是一種思想糾葛不清、頭腦糊塗，任人踐踏、逼迫的格局。

**『廉貞、天府、擎羊』的格局中**，是『刑囚』、『刑財』兼『刑官』的格局。因對宮有七殺相照，故帶有『廉殺羊』惡格。此格局中廉貞是囚星居平，與擎羊同宮，就是『刑囚』。廉貞又是官星，故也『刑官』。這也是頭腦不清、是非不明、智慧不足所造成的對事業工作上的刑剋，會工作斷斷續續，也會有不長久之貌。此格局中，天府是財庫星居廟，和擎羊同宮，就是刑財。此種刑財，是要賺錢仍可努力打拚賺到，但存不住，耗財多，財來財去的刑財方式。此格局中所藏有的『廉殺羊』格局，也會使其人因車禍或開刀事件，遭災而有血光住醫院或喪失生命，

而刑剋到生命資源的財。

故有此格局的人，並不真有錢，也只是在一種普通人的低下層次中生活而已。雖然他們的財帛宮有紫微星，官祿宮有武相。這只能說他們想要工作，會有工作，手上的錢財也夠生活，但並不會真正成為有錢人。

**『廉殺、擎羊』的格局中**，這也是『刑囚』、『刑官』加『廉殺羊』的惡格所形成的格局。廉貞居平，智慧不高。七殺居廟，本身智慧也不高，只是肯苦拚而已。擎羊是居廟的，故此格局中完全是靠擎羊和七殺的凶悍強勢力量在苦撐而已。故有此種格局的人，表面是性格溫和、懦弱的，但內心的競爭心強，讀書功課會特優。但在事業上，工作上則不長久，會斷斷續續的，也常會因身體不好而無法工作。這是刑剋到生命資源上的問題。有『廉殺羊』入命者，多不長壽，也容易因意外事件而

羊陀火鈴

斃命。

**『天梁、擎羊』的『刑官』格局**：天梁是『機月同梁』格與『陽梁昌祿』格中的一顆星。凡走天梁居旺運，就會升官。故天梁也是官星。

**當『天梁、擎羊』在子、午宮時**，天梁居廟，擎羊居陷，此格局是『刑官』、又是『刑蔭』。**『刑蔭』就是刑剋貴人運**。因此有此格局的人，會在事業上，名聲上受到剋制、不容易顯揚的。升官的機會也會常遭小人奪走、劫去。並且常在重要時刻沒有貴人。此人常會有懦弱、退縮、或太自作聰明、太挑剔、對貴人挑剔，或找不對人來做貴人，而失去很多升遷機會和揚名機會。這也是其人內心常有一些黑暗的想法所導致的。

**當『天梁、擎羊』在丑、未宮時**，天梁居旺、擎羊居廟。此格局仍然是『刑官』、『刑蔭』的格局。但因為擎羊居廟時，智謀高，強悍、主

# 羊陀火鈴

導力強，會因為頑固、或意見太多，太過於權謀，而讓貴人無法伸展，而『刑蔭』。也會因為聰明太過頭，而實際環境不佳而事業有起伏，工作有斷斷續續的狀況。

**『機梁、擎羊』的格局中**，有『刑運』、『刑官』、『刑蔭』等三種格局。天機居平、天梁居廟、擎羊居廟。擎羊的力量大，更增加了機梁陰險多謀略的一面。但是在運氣方面是十分少的。在升官和事業的持續力量方面也不太行。只有做公職較會長久一些。有此格局的人，善鬥爭、好鬥，因此也常會處在一種危機四伏的局面之中。雖然他們是多計謀，善於利用人的人，但主導意識太強，貴人反而懼怕而不真心出力幫忙，因此貴人運是受到刑剋的。

**『陽梁、擎羊』的格局中**，太陽、天梁皆是官星。擎羊居陷，故其人會因懦弱、退縮、在事業上斷斷續續、起起伏伏。此格局中是刑官又

刑蔭，也會刑剋名聲，因此一生容易是個莫莫無名之輩。事業也不行，真正的貴人很缺乏，你想找的貴人，常是小人，會剋害於你，十分麻煩。

## 5.『刑印』格局

所謂的『刑印』格局，就是指的是命格中有天相和擎羊同宮的格局。天相是印星，主掌印。即是掌權力，兵符、印鑑等的地位和力量。當人的命格中有『天相、擎羊』同宮時，無論旺弱，都是『刑印』格局。

此人一生中便失去了主導力、領導力、主控力，容易被人奪權，被人壓制、管制。亦會被人看不起，受欺負，被人不當一回事。容易被人指責、挑剔、責罵、任意傷害，侵害權力、利益。**女性有此格局的人，**

# 羊陀火鈴

若在『命、財、官、遷』等宮，容易遭到強暴事件。行運走此運也容易遭到強暴事件。有些男性有此格局在『命、財、官、遷』等宮者，亦會像女性一般遭到強暴、或受欺壓，嚴重者亦會喪命。因此『刑印』格局，不只是刑剋人表面上在人際關係中的主導力，有時也是刑剋人生命資源的權力。

**『天相、擎羊』在丑宮**，雙星居廟時，仍是『刑印』。但此時人仍不自知，很想爭，而且好爭。完全不知自己已站在弱勢的地位，而還要爭。因此這種『刑印』常會是自取其辱的方式，或自己所造成的對自己不利，使自己顏面受損的事。

**『天相、擎羊』在未宮時**，天相居得地之位，擎羊居廟情況也和在丑宮一樣，自己好爭，多謀略，也無視於自己的劣勢，最後也造成自己會丟臉、生氣、吃虧。

**『天相、擎羊』在卯、酉宮時**，雙星俱陷落，其人會膽小、懦弱、怕事，一副可憐之像。但周圍都是凶惡無行之人，也不會可憐他，常會不欺負他，要欺負誰呢？自然任何人都來踐踏一番。因此此格局的人受欺負最慘了。既然掌不到權，在工作上就會是斷斷續續的了。但也會有人一直做辛勞的工作，這是由於有人壓迫他，逼他工作，他就會做的長久了。

**『廉相羊』的刑印格局是『刑囚夾印』**。表示被欺負時，還帶有官非、糾紛的問題，與打官司的問題，十分麻煩，因為此格局會在子、午宮出現。因此在子年或午年，就會碰到。此格局是『刑官』又『刑印』，又刑智慧，故此人肯定是頭腦不清楚，想法怪異，和常人思想不相同、價值不一樣的。是故工作會不長久，也無法有升官機會，也無法做老闆來管人的。

**『紫相羊』的刑印格局中**，因為紫微、天相兩星都只在得地之位，擎羊居廟，故擎羊的力量是大過紫相的。有此格局的人，會陰險、多謀略，自作聰明。自以為高尚、愛享福，而放棄一些可掌控的權力機會。等到想掌權管事時，又管不到了。因此有『紫相羊』的刑印格局的人，常是自己放棄管理和掌權的力量。是自以為對自己好，但卻害了自己。『紫相羊』是『刑官』又『刑印』，故在事業上的發展不大，也會有斷斷續續的狀況，這有時是自命清高所致的。

## 6. 『刑蔭』格局

『蔭』指的是蔭庇。也就是貴人運。天梁是貴人星，屬於長輩級的，或是指女性的貴人。當天梁和擎羊同宮時，就是『刑蔭』格局了。表示貴人幫助你的方法不好，實際上是幫忙不多，或根本幫不上忙的狀

況。有時也會因為你自己內心想法上的關係，例如不想讓人管你，而不想讓人插手管你的事，而迴避貴人。這種狀況尤其是發生在擎羊陷落時最為明顯。在擎羊陷落的『刑蔭』格局中還會產生的現象是：貴人帶有陰險、多計謀的心態，表面上是幫你，實際上會給你帶來刑剋不吉，增加你的負擔。

**當『天梁化祿、擎羊』在子宮時的格局**，就會因貴人的心態不好，暗中藏有陰險的計謀，使你在得到貴人相助之餘，又多增加了另一層的沉重負擔。同時『天梁化祿、擎羊』的格局，也是一種爛桃花。有桃花、色情享受，但終究會吃虧上當，而回頭。

※左輔、右弼也是貴人星，當左輔、右弼和擎羊同宮時，他們是輔星，輔助了擎羊的強悍與惡質。故不算『刑蔭』的格局。

羊陀火鈴

## 7.「刑福」格局

天同和天相都是福星。天同和擎羊同宮就是『刑福』。天相和擎羊同宮因先已有了『刑印』的特質，故多半只稱是『刑印』，實際上也有『刑福』的內含。

天同、擎羊的刑福，不僅是刑剋其生活享受，也會刑剋到生命的資源，因此容易有傷殘和病痛現象。自然其人本身在『財』的享受上較少，財不豐或財窮。

**當『天同、擎羊』在辰、戌宮時**，天同居平、擎羊居廟，是以擎羊為主導地位，較強悍的，因此擎羊的力量大，顯現的特質明顯。其人好爭，是非多、煩惱多，身體會有傷殘，有傷剋現象，六親無靠、身體不好。一生的運氣也不佳。

**當『天同、擎羊』在卯、酉宮時**，天同居平、擎羊落陷，傷殘狀況更嚴重。且其人有懦弱、退縮，做事沒有能力。不想管事，對很多事都沒興趣，心中愛多想，有陰柔的一面，思想上也有陰險的一面。整個人對別人的益處不大，也容易成為拖累別人的人。

**『同陰、擎羊』的格局中**，這不但是『刑福』也是『刑財』的格局，而且還會愛情不順，刑剋到感情方面。亦容易晚婚、不婚。此種的刑福、刑財，以致於刑剋感情問題，皆是以其人本身內心的想法太陰柔、太陰暗，多陰險、計較所導致的。所以福也享不到，財也享受少了。會辛苦奔波，收入不豐。

**『同巨、擎羊』的格局中**，一種是在丑宮，帶有巨門化權的格局。一種是在未宮帶有巨門化忌的格局，一種只是在未宮『天同、巨門帶擎羊』的格局。

**天同、巨門同宮時**，都是居陷落之位的。再加擎羊，擎羊是居廟位的。是故此格局中主導地位的是擎羊。在此格局中人會很悶，很煩，多計謀也多憂慮，想得太多，又都是在一些芝麻小事上、小是小非的在打轉，製造自己的困擾，這就是自我刑剋了。自然也會傷害到自我的生命資源，身體不好，易有傷殘現象。這是剛出生時還不明顯，在生長期間會慢慢出現。當命宮再有化權、化忌又跟隨巨門主星時，是讓麻煩、傷剋更形嚴重，直接影響到其人的身體上有傷殘現象很明顯的出現了。這又多半是和脊椎骨，手足上的傷殘有關。亦會有心臟方面的毛病。

**天同、巨門同宮已經是『刑福』格局了**。再加擎羊、刑福更深，是非、麻煩更多，故其人懦弱不堪，很靜，膽小，深怕惹事上身，但總會有麻煩糾紛牽扯到他，因此其人生活十分辛苦。

由以上可以看出，會被刑剋的星，都是溫和的、吉祥的，有些是弱

質的星。就像財星像武曲之類雖強，也怕被刑。像官星紫微、太陽之類雖也性質強勢，但也怕被刑。就像七殺、破軍、巨門只會刑剋別人，而不懼怕被刑。如果再有凶星同宮，就一起做亂，形成更差的格局。這只是多增加一層刑剋而已。

## 8.『刑命』格局

『刑命』格局指的是會危害生命的格局。

**『廉殺羊』的格局**：這個格局容易在辰、戌、丑、未宮形成。而且是『紫微在子』、『紫微在午』、『紫微在卯』、『紫微在酉』命盤格式的人，又生於乙年、丁年、己年、辛年、癸年的人所容易碰到的。在『紫微在子』和『紫微在午』兩個命盤格式中，有廉府和七殺在辰、戌宮相照，再有擎羊在辰、戌宮出現時，（例如是乙年、辛年生的人），就會具有此『廉殺羊』的格局。而在『紫微在卯』和『紫微在酉』兩個命盤格式中，有廉貞、七殺同宮在丑宮或未宮，不論擎羊出現在丑宮或未宮（丁年、己年、癸年生的人）就會擁有『廉殺羊』的格局。這個格局是死於外道，有車禍喪命之憂的格局。凡有此格局的人，必須小心，要精算流年、流月、流日、流時，以防災禍之發生。小心就能躲過。

## 『羊陀夾忌』的格局

在這個格局中，因為是前羊後陀，化忌必定和祿存同宮，為祿逢沖破，有祿也無用。有這個格局在命盤之中的人，刑運逢到『羊陀夾忌』之年就有災禍。大運、流年、流月、流日三重逢合，便有生命之憂。

◎**像甲年生的人**，是『紫微在巳』命盤格式的人，有陽巨在寅宮。是羊陀相夾太陽化忌。而『紫微在亥』命盤格式的人，有反射相照的

『羊陀夾忌』。因羊陀在卯、丑宮相夾的寅宮是空宮，對宮相照的有太陽化忌，故在寅、申年也要小心才行。

◎**乙年生的人**，是『紫微在寅』命盤格式的人，有太陰化忌在卯宮，有羊陀在辰、寅相夾，在卯年子、酉年要小心有災。亦是三重逢合有性命之憂。

◎**丙年生的人**，是『紫微在丑』命盤格式的人，有廉貞化忌、貪狼、祿存在巳宮，有羊陀相夾。而『紫微在未』命盤格式的人，有反射相照的『羊陀夾忌』，在巳、亥年亦要小心。

◎**丁年生的人**，是『紫微在丑』命盤格式的人，有巨門化忌在午宮，而羊陀再未、巳宮相夾。逢子、午年要小心。三重逢合時有性命之憂。

◎**戊年生的人**，『紫微在午』命盤格式的人。有天機化忌、祿存在巳宮，有羊陀在午宮、辰宮相夾，逢巳年有災，三重逢合會有性命之憂。

◎**己年生的人**，若有文曲化忌在午宮（寅時生），而羊陀在未宮、巳宮相夾，逢午年會有災。三重逢合有性命之憂。

◎**庚年生的人**，是『紫微在酉』命盤格式的人，有天機、太陰化忌在申宮，有羊陀在酉、未宮相夾。逢申年有災。三重逢合，有性命之憂。若是『紫微在卯』命盤格式的人，有反射相照的『羊陀夾忌』在寅年也要小心。

◎**辛年生的人**，有文昌化忌在酉宮（丑時生的人），而羊陀在戌宮、申宮，會有『羊陀夾忌』要小心。三重逢合時有性命之憂。

◎**壬年生的人**，是『紫微在卯』命盤格式的人，有武曲化忌、破軍在亥宮，有羊陀在子宮、戌宮相夾，逢亥年要小心，三重逢合有性命

# 羊陀火鈴

之憂。

◎**癸年生的人**，是『紫微在午』命盤格式的人，有貪狼化忌在子宮，有羊陀在丑宮、亥宮相夾，逢子年要小心，三重逢合有性命之憂。

『羊陀夾忌』之格局，亦可由帶化忌之主星看出相應的事件是何事而遭災的，也可看出災害的內容來。例如：

◎**羊陀相夾太陽化忌時**，是因男性或是工作、事業上的是非而遭災的，會死於男性之手。有巨門同宮時，後續問題仍多是非糾紛。

◎**羊陀相夾太陰化忌時**，是因女性或感情問題，或是錢財問題，暗藏的財富而遭災的。易死於女性之手。亦會因水厄而遭災。

◎**羊陀相夾廉貞化忌時**，是因為官非，或是桃花事件、開刀、流血事件，車禍或傷災事件而遭災的。且後續官司不斷，糾纏很久。

◎**羊陀相夾巨門化忌時**，是因和人爭鬥有糾紛，或運氣不佳、太倒霉

# 羊陀火鈴

碰上了。或是一時氣憤、想不開自殺了。或是被宵小惡賊侵害而喪失生命。後續仍多是非糾纏很久。發生時間在午時。

◎**羊陀相夾天機化忌時**，是因一時運氣和聰明都不佳，遭笨賊、惡人侵害，或車禍傷災、木器所傷而遭災喪命。這是突發事件。也可能因別人之職責失誤、或失手，或自己笨，而導致其人的災厄。發生時間在巳時。

◎**羊陀相夾文曲化忌時**，是因人緣不佳，或桃花糾紛，或一時口舌是非而遭災喪命。這也是突發事件，發生時間多在中午午時。過了此時辰便不會發生了。因此注意時間很要緊。倘若同宮有破軍星，亦會因水厄而遭災。

◎**羊陀相夾文昌化忌時**，是因車禍、鐵器所傷而遭災，也會因一時失算，估計錯誤而遭災。倘若有破軍同宮時，亦會因水厄而遭災。發

生時間在酉時。

**◎羊陀相夾武曲化忌時**，是因錢財問題、政治問題而遭災。也會因車禍、鐵器、槍械、子彈所傷而遭災。發生時間在晚上9時至11時之間。

**◎羊陀相夾貪狼化忌時**，是因人緣不佳，和人有糾紛，或感情問題而遭災。亦會因運氣不佳，被牽連而遭災。發生時間在夜子時。

## 『巨火羊』的格局

**『巨門、火星、擎羊』三顆星的組合格局**，在命盤中不必同宮，只要在對宮或三合宮位出現，也可以形成格局而遭災。因此更增加了遭災的發生率。『巨、火、羊』的災厄問題主惡死。有時是一時氣憤自殺，會以上吊和跳水、跳樓的方式自殺。有時是被槍殺、他殺。像台北市議

員陳進棋被槍殺一案，即是走『巨火羊』的運程而發生的，時間點就在午時、午宮的位置上。以前影星于楓自殺身亡，也是走這個『巨火羊』的運程而自殺的。

『巨火羊』的惡格會導致人的惡死，在死亡後，還會引發一連串的是非糾紛和鬥爭，久久不能平息。這就是巨門、擎羊的糾纏不清了。

『巨火羊』的問題都是突發事件，因為有火星這顆星的關係。倘若過了那個特定的時間也就不會發生了。問題就在於那個特別的時間中有沒有貴人的問題了。

『巨、鈴、羊』的組合會不會有問題呢？也是會有問題！而且鈴星帶有怪異聰明的意涵。倘若其人在此時間點自殺，一定會用怪異的方法自殺，或在怪異的地點自殺。若是被殺，也會現場怪異、詭譎，讓人驚悚害怕的。且後續的是非、糾紛不斷。這也是突發事件，小心注意防範，亦能躲過。

## 擎羊紀事

**擎羊、紫微**——帝王被小人挾持，愛高高在上，但又疑心病重，耳根子軟、懦弱、拿不定主意、陰險、事業起伏，在美麗精緻、高貴中有瑕疵、性格忽軟忽硬，易嫉妒。

**擎羊、太陽**——脾氣陰陽不定、陰險、疑心重、耳根子軟、事業起伏、強硬中有懦弱性質，傷目、眼疾、頭痛、心臟病、刑剋男性。

**擎羊、武曲**——刑財，劫財，多政治爭鬥、血光、鐵器傷災、車禍、性格陰險。因財持刀，傷人或受傷。

**擎羊、貪狼**——刑運，保守、不愛動、運氣受限制、多思慮、憂愁、人

# 羊陀火鈴

**擎羊、廉貞**——是非爭鬥多，血光之災、車禍、開刀、傷殘、政治鬥爭、暗中競爭。陰險、暗殺。頭腦不清。官司、被竊。

**擎羊、七殺**——意外疾病、傷災、血光、陣亡、意外惡死、爭鬥、頭腦不清、是非爭執、嚴重刑剋・脊椎骨受傷。

**擎羊、破軍**——災厄、爭鬥、傷殘、嚴重、破耗、疾病、是非糾紛、破敗、損失、傷災、血光、車禍、陰險暗鬥、惡死、破產。

**擎羊、天同**——福不全，傷殘、個性不良、陰險、疾病、黑道、是非、災禍、糾紛、不寧靜、不安全。

**擎羊、天相**——傷殘、懦弱、受牽累、被欺負、個性不良、是非災禍、不寧靜、不安全、糾紛。

## 羊陀火鈴

**擎羊、天府**——刑財、劫財、陰險、狡詐、漏財、個性不良、理財能力不好。公務員做不成。守不住財。腎病、膀胱病、脾臟病。

**擎羊、太陰**——刑財、劫財、陰險、暗中損失，肝病、傷目、目疾、神經衰弱，刑剋女性、薪水少、銀行儲蓄減少及損失，房地產耗損、感情不順、失戀。

**擎羊、巨門**——爭鬥凶、頑固、是非災禍多，心身不寧靜、陰險、暗中嫉妒爭鬥、性生活不正常，有怪癖、傷殘、災禍頻至。口舌是非、糾紛不斷。

**擎羊、火星**——是非爭鬥、懦弱性急、品行不佳、陰險、災禍、車禍、血光、短壽、惡死、意外遇災。

**擎羊、鈴星**——是非爭鬥、有怪異聰明、不善、陰險、作怪、報復心重、車禍、血光、意外之災。

**擎羊、劫空**——殘疾、破敗、好爭鬥，而拿不到利益、頭腦空空、早天。

**擎羊、化祿**——祿逢沖破、刑財、人緣不佳、機會失去、利益盡失。

# 羊陀火鈴

# 第二章　擎羊在『命、財、官』對人的影響

擎羊是刑星，不論在人的命宮、財帛宮或官祿宮出現，都是對人的命格直接做減分和刑剋的作用。因此只要擎羊出現在『命、財、官』的三合宮位之上，都是在人生運途上會打折扣、會影響成就的了。

通常，大家都以為擎羊在命宮是最不好的了，性格較凶，好計較與人多爭執，是非多。這是你以旁觀者的身份來看擎羊坐命的人。

倘若以人生際遇、運途來看，人生最可怕的就是財少、事業不順、多磨難了。所以我覺得擎羊在命宮的人是旁人不舒服，折磨別人。與他

# 羊陀火鈴

自己沒關，反正他自己已習慣自己的嚕嗦、計較、凡事要爭了，多勞碌也不嫌麻煩。而人最不好過的，就才是自己手中錢財少，受困，沒法子照自己的意思過日子，想得到的得不到，這才是自己所能感受的痛苦，別人很難幫得上忙。因此我覺得『擎羊』最好別出現在財帛宮裡，賺錢較容易。最好也別出現在官祿宮中，做事才不會事倍功半，爭鬥、競爭多，又起起伏伏，倍受壓力。

現在普遍一般人在生活中都覺得壓力大。這就是『命、財、官』上各有問題所致。大多數人會有想得太多，又想法不實際的問題。有煞星在『命、財、官、夫、遷、福』等宮位，都會想得太多，又不實際。想也是白想，根本不能切到問題的中心點。或是思想的目標、方法偏移，所得出的結果不好。

當擎羊出現在『命、財、官』三方時，表示生命經歷有了刑剋，生

命的格局打了折扣。縱然能向上衝，但衝不出此格局來。一定在你最後一關，或最渴望的事情上敗下陣來。這也形成人生的慨嘆。

例如：台灣有一位政治人物，是壬年生的人，有武曲化忌、天府、擎羊在官祿宮，事業上爭鬥、競爭很凶。每逢選舉的重要關頭，便會因錢財問題遭對手攻擊，成為重大致命傷，而敗下陣來。

而對手呢？擎羊在子女宮，表示才華受到刑剋，才華不好、能力很差，做事讓百姓怨聲載道，但是他真是命好、運好。因為『命、財、官』的三合官位沒有擎羊、陀羅，並且在選舉的運程上也正卡在他美好的三合宮位的運程上。因此一個又笨、又沒能力的人，卻可佔高位許久，賺進了他個人的榮華富貴，而讓老百姓生活在痛苦之中，這也是老百姓大家命不好了。

## 人什麼時候會比命呢？

人什麼時候會比命呢？**有一種說法是**：人天天在與人比命，只要你今天平安，比別人多活一天，一天很平安祥順，你就比別人命好了。

**另一種說法是**：人生到一個階段，一個層次，就會自然而然的受到『比命』的壓力了。例如你升官升到了一定的高職位，不知能不能再往上升，這時就要看機運如何？一同與你競爭的人是否程度比你高，人脈比你好、名聲呼聲比你高？是否運氣比你好？這些都是『比命』過程中人為力量無法控制的事。有時候還會有意外的黑馬出現，讓你更驚心顫魄，不能自己。所以在能不能坐上高位，是否能攫取你所追求的目標時，便會『比命』、『比運』。這是你無法控制的事，不比也不行。

# 擎羊在命宮時，是刑剋自己

很多人都覺得遇到擎羊坐命的人，或是有擎羊在命宮中的人都覺得害怕。認為他們會很陰險、毒辣。其實我在論命過程中看到很多擎羊坐命的人，與命宮中有擎羊星的人，也深知他們的思想方向和思路理念，覺得他們只是比旁人敏感很多，有時候好爭，但很多其他的命格的人也都好爭，只要能保持沒有利害關係，就能平順相處了。而且，有擎羊在命宮的人非常細心，喜歡察言觀色，探知別人內在深層的想法，處世、做事都小心，這也未嘗不是優點。他們的心思縝密、用心、用腦都多，是非常勞碌的人。常用腦過度，精神不濟，有精神衰弱的徵兆。因此身體都不是太好，且多傷災，一生有多次開刀經驗或傷災。這就是刑剋生命資源了。也是刑剋自己了。

## 擎羊也能成就大事業、大人物

國畫大師張大千先生是武曲化祿、貪狼化權、鈴星、擎羊、左輔、右弼同入命宮的人。

我的老師孫家勤先生是大千先生的最後一個入室弟子，孫老師常講大千先生的故事。所以我可以從很多方面來印證其命格和所經歷的事。

很多人都認為大千先生是非常富有的，他所居住的房舍都非常美麗，造園工夫一流。像八德園、環華庵、摩耶精舍都精心佈置，在一般老百姓的眼中是奢侈的、富貴的、專權的享受。可是大千先生所有的朋友都知道，他常鬧窮、寅吃卯糧，錢還沒賺到手便先花出去了。家中食指繁多、消耗很多，再加上自己對生活和藝術中的一些喜好，以及交際應酬，賣畫方面的應酬關係。所以他的朋友給他的評論是：『富可敵

國，窮無立錐』。這也可言明他一生的寫照了。

大千先生能夠在畫事上成功，在藝術史上留下名聲，應該歸功於命宮中所有的星曜都發揮了極大的作用。武曲化祿、貪狼化權使他必然會達到富貴之路，具有賺大錢、掌握好運，掌握政治方面所帶來的力量，是非常強勢的。據說大千先生收受日本方面買畫的訂金一次都是五十萬美金、一百萬美金的收受。在他活著的時候就非常享受自己才能所帶給他的錢財利益了，這是由於命中財多的關係。

本來命中有貪狼的人，做事都會馬虎，粗枝大葉，不精細。但是你若看到大千先生的工筆畫，你會很奇怪，這個人為什麼這麼精細、工整呢？這是因為大千先生的命格中有『擎羊星』的關係，而且這顆擎羊星是廟旺的。擎羊會使人細心、敏感性強，強力自我要求，而且有競爭心，要比別人強，要得到自己想要的名聲、地位和富貴。所以更增加了

# 羊陀火鈴

奮鬥力。

自然『擎羊』也給他帶來了煩惱多，想得多的壓力。據說他家中的人口多，前後有四任妻子，生有十幾個子女，再加上傭人、司機、廚子，以及來往的學生，因此是非口舌多，很讓他煩惱。外界的應酬、以及盛名之累所吸引來的非善之士也很多，也讓他煩惱。

在他的命宮中還有一顆鈴星，是居平位的。這讓他有一些怪異的聰明，反應伶巧，腦子動得特別快。但也會有一些負面特質，例如早期大千先生曾做假畫販賣。以及有一回有一個人拿古畫來請他鑑定，一看正是他心儀的一幅畫，他便稱其為假畫，後來用極低的價錢將其畫購得，自己擁有了。這些都是不正的行為，即由鈴星和擎羊兩顆星顯露出來。雖然晚年他極力想彌補改正這些惡名，但人生的路是無法重走的。

大千先生的命格中還有左輔、右弼兩個星，這是助惡也助善的星。

左右的輔助力量，會幫助同宮中的每一顆星。他幫助了武曲化祿在財富上的獲得，也幫助了貪狼化權在形勢、地位上、在運氣的獲得上成為最高位的領導者。也幫助了擎羊強悍的獲得力量與細膩的、細心的、感情方面的力量，更幫助了煩惱多，自我刑剋的力量。左輔、右弼亦幫助鈴星所造成的怪異聰明更伶俐、亦邪亦正。也幫助鈴星、擎羊在負面影響下，有不正當的、惡質想法。所以說大千先生在性格與心態上是非常、非常複雜的一個人。其實每個人都在心緒、思想上很複雜，會有命宮的主星形成一個軌跡可追尋。但是大千先生命宮中的主星特別多，而且全部都很強勢，全都是居廟的，這就是異於常人的地方。

他命宮的鈴星，不但是具有怪異聰明的星曜，而且是形成『鈴貪格』與帶權祿的『武貪格』，具有雙重暴發運的格局。帶權祿之後，又為最高級的暴發格，形勢特強，因此他想不成功都是很難的了。因為這

些暴發格都集中在未宮，因此十二年暴發一次最大的暴發運。名聲得以重複的堆高，但也會讓他有起起伏伏之感。因為高的時候太高了，只要沈寂下來便覺得運氣滯礙，這是與常人不同的地方。

現在再來講擎羊給他帶來的問題。擎羊不但讓他煩惱多，也使他耗財。擎羊和武曲化祿、貪狼化權在一起，就是『刑財』格局。再加上他的身宮落在財帛宮，非常喜歡賺錢，而財帛宮又是廉破，花錢毫不心痛，雖然自己很小心，怕上當，但仍然常買到貴的東西。只要他喜歡上的東西，會不惜耗費鉅資來買進。在錢財上是無法阻擋破耗的。

擎羊星在好的一方面來講，不但讓他在畫事上精進，達到最高的標準。有最高的審美能力，自我要求的能力。同時也讓他在做人方面很細心，在賣畫和做事上很有權謀。聽說大千先生對朋友很照顧，很義氣，很貼心，也讓很多人很佩服、感動。這種細心的、敏感的，愛照顧自己人的心態，也是擎羊的特質。



## 算命要多瞭解人性格的複雜面

由以上所述，大家可以感覺到，要瞭解一個人，要算一個命都不是一件簡單的事情。人在性格上很複雜，有時善多一點，有時惡多一點，會變來變去。會因情緒的起伏而變化。情緒又是因運程的改變而變化的。人的命宮中的主星主要是表達一個人心緒變化的一個過程。

**擎羊居廟在命宮時**，人會特別聰明、敏感、有權謀，這是亦邪亦正的特質，不完全的險惡，也不完全的吉善。會遇事而定。但絕對有自私的成份在內。它也會使人操勞、多慮、有在錢財上的耗損和身體方面的破耗，因此總觀其善惡，仍是惡質多一些的狀況。

**擎羊居陷在命宮時**，人的聰明是小聰明，會懦弱、多想，依然敏

感、私心重、報復心態較重。陰險的特質也重。常會不講理，或因一時想到的問題多，而不敢發作，有懦弱的傾向，事後又不甘心，再用陰險的方法討回自以為的公道。而且擎羊居陷時，喜歡貪便宜，刑剋錢財的速度快，刑剋身體的速度也快。

大陸前領導人鄧小平先生是武曲、七殺、擎羊坐命卯宮的人。在中年的時候曾受到打壓潛伏，如果沒有這個陷落的擎羊，能夠忍下一口氣，便不會在後來掌權時得到的高地位了。

## 如何觀命、解命盤

我們在觀看命格時，首先看命宮中有擎羊星時，是和何星同宮，倘若是和財星同宮，則是『刑財』格局，和運星、官星同宮，則是『刑運』或『刑官』的格局。擎羊和福星同宮便是『刑福』格局，和天梁同

宮是『刑蔭』格局，和天相同宮是『刑印』、『刑福』格局，此人一生的問題便躍然紙上了。接著再細看擎羊和主星的旺弱，便會分出擎羊刑剋或幫助人命的層度之多寡和方向了。由此我們便可解釋出一個好命格來。

因此，在人的命格中每一顆星，不論是凶星、煞星也好，是廟旺、陷落也好，它都代表了我們生命，運氣的起伏、加減。要讓自己的生命祥和、順暢，知命、順命是一個方法。儘量瞭解自己命宮中所有的星曜在旺度或陷度有何不同，儘量發展星曜的優質特質，使它們有利於自己，這就能知命、順命了，也才能得到自己所享有的富貴。

# 第一節　擎羊在命宮對人的影響

## 當命宮中有『刑財』格局時

當命宮中有『刑財』格局時，例如『武曲、擎羊坐命』、『武殺、擎羊坐命』、『武貪、擎羊坐命』、『天府、擎羊坐命』、『廉府、擎羊坐命』、『武府、擎羊坐命』、『太陰、擎羊坐命』、『同陰、擎羊坐命』、『日月、擎羊坐命』或是『擎羊坐命子、午宮，有同陰相照』、『擎羊坐命丑、未宮有武貪相照』或是『擎羊坐命丑、未宮有日月相照』，這些全都是『刑財』的格局。**在人生中的財，包括可用的財富和生命的資源（包括身體健康），以及人緣、機會等等的財**，都會受到剋制影響。人生的格局就會變得小一點了。但會縮小的程度，和『刑財』的程度，也

要看擎羊的廟旺或陷落來定。也要看主星帶財的強度而定。**例如**前面說過張大千先生的命格中的財是極大的財（武曲化祿、貪狼化權的財），又有廟旺的擎羊同宮，雖刑財，刑不完，因此自己還能享用到許多。

又**例如『武府、擎羊坐命』的財很多**，但擎羊居陷，就會刑財刑的凶，只會做公務員的命格，賺取的財富和前者不能比了。以前我曾經列舉過王建煊先生就是『武府、擎羊』坐命的人。大家可以感覺一下格局的不同，再來意會『刑財』格局在人生中所帶給人財富的多寡變化。此格局也會頭腦不清，在計算利益及理財上有耗損或弄不清楚的現象。

**在『刑財』格局中當擎羊居廟時**，表示其人會賺即使不該他賺的錢，他也強勢要賺。

**當擎羊居陷時**，表示其人有懦弱傾向，即使該他賺的錢，他有時也會想東想西的，該賺不賺。所以這是有差別的。這在命宮中也會形成不同的價值觀和天生之性格。也影響後來的運程。

## 當命宮中有『刑運』格局時

當命宮中有『刑運』格局時，有擎羊和天機或貪狼同宮時稱之。就表示一生中常有運氣受阻的事，會不愛動，或機緣不好。或是自己本身發奮力量常起起伏伏，不能一貫的努力，也會頭腦不清、分辨不出什麼是運氣？什麼是阻礙之事？

**當擎羊居廟時**，亦表示其人有時會強求不算是該屬於他的運氣。有時會成功，有時會失敗，不見得事事都如意。

**當擎羊居陷時**，亦表示其人有時會東想西想的，有反覆的、懦弱的想法、有些該去努力的運氣，本來該他得到的運氣，他也會放棄、不敢去爭取。並且對事態的吉凶、善惡有模糊、分不清的狀況。這也會影響到整個人生的起伏變化、得財多寡、以及享用福祿。

## 當命宮中有『刑官』格局時

當命宮中有『刑官』格局時，有擎羊和紫微、太陽、廉貞、天梁同宮時，表示在事業上是會有起伏的狀況。人生也會有一些波折不順。爭鬥會很多，需要花一些大精神來擺平。並且有『刑官』格局的人，對事情的價值觀上會有瑕疵。會做事不知輕重、有些事情是影響人生大局的事情，反而不重視。有些他心中重視的事情又是無足輕重的，或是對其本人不算很嚴重要重視的。亦表示智慧有刑剋。

當命宮有『刑官』格局時，其人也會頭腦不清楚，做人和做事會裡外不分。**當擎羊居廟時**，會操勞、好競爭，凡事要搶先、不該爭的也爭。會是有時爭得到，有時爭不到的狀況。

# 羊陀火鈴

**當擎羊居陷時**，也會操勞不停、有懦弱的傾向，很多事情想不清楚，做事反反覆覆、拿不定主意，又常後悔。做事軟弱，該硬的時候不硬，該軟的時候，嚕哩嚕嗦，做事不乾脆、有感情上多重考慮的牽連。為人也常顯得不聰明，因小失大，瑕疵很多。在工作上競爭多、難有發達之日。

**有『紫微、擎羊』同宮者**，（無論是『紫微、擎羊』在子、午宮，或『紫貪、擎羊』、『紫相、擎羊』、『紫破、擎羊』），都表示主貴的格局受到破壞，在人生中，人的地位會降低，其人會因為想得太多陰謀的事，而使自己在人格上有瑕疵，無法受人尊重，而無法主大貴，地位會比同命格的人降低。

**有『太陽、擎羊』同宮者**，（無論是『太陽、擎羊』在子、午、辰、戌宮，或『陽梁、擎羊』、『日月、擎羊』皆是）都表示與男性社會有敵對、不能溶入的現象，也剋父、刑剋家中男性，包括夫婿、兒子。並且你的眼睛不好，易有眼病。在眼光方面也是較差，會有別的事情糊在你的眼睛上讓你看不清事實真相，常做出傷害事業或生活的主觀判斷。

**有『廉貞、擎羊』同宮者**，（如『廉府、擎羊』、『廉相羊』、『廉殺羊』坐命者）都表示智慧低落，又愛多想，擁有陰險的計謀，但都無法實行。一生中計劃很多，但都是拾人牙慧，沒有真正自己的見解，也都行不通。做事的力量也都打折扣。一生做事反反覆覆，也會起起落落，都有理由，會讓你工作不長久。

**有『天梁、擎羊』同宮時**，（如『天梁、擎羊』在子、午、巳、亥、丑、未宮，或『機梁、擎羊』或『陽梁、擎羊』坐命者）都是在一生中智慧和名聲會受到打擊和創傷的事，而在事業、人生上不順利。有

時是自作聰明過了頭而遭災，有時是智慧不足而遭的災。都跟思想有問題。並且這也是『刑蔭』的格局，故與長輩、貴人、上司直接有衝突，得不到長輩、貴人或上司的幫助，平輩和晚輩也不見得對你好，因此在生活中人緣、機會上較差，永遠會有差人一等的遺憾。

## 當命宮有『刑福』格局時

**當命宮有『刑福』格局時**，表示在其人的人生中的福祿或生命上直接有刑剋，會身體不好、或身體有傷殘現象，或性格上有懦弱現象，或根本無法養活自己，生存的能力較弱。(如『天同、擎羊』在辰、戌、卯、酉宮坐命，或『同巨羊』坐命，或『機巨羊』坐命或『天相、擎羊』在卯、酉、丑、未或『廉相羊』坐命，或『紫相羊』坐命等)。其人身上會有一定程度的病痛問題，也會頭腦不清、智慧不足、享受少、工作能力差、欲振乏力，永遠落在社會的底層，很難翻身。

## 當命宮中有擎羊和殺耗之星同宮時

**當命宮中有擎羊和七殺同宮時**，有凶死、早夭之慮。其人頭腦不清楚，常和人作對，也和自己作對。刑剋別人，也刑剋自己。其實一生中最大的敵人是自己，故也不讓自己好過。一生極力打拚，專做一些不利自己的事。其人會有時強悍、有時候陰險、懦弱。其人身體上亦易有傷殘現象，或有理講不清、會糾纏別人很久，甚至有精神方面的問題。

**當命宮中有擎羊和破軍同宮時**，也有凶死、早夭之慮。宜有宗教信仰。其人也會頭腦不清，和自己作對，也和別人作對。真正的就是刑剋自己。一生中有多次大的破耗。是破耗錢財，也破耗生命的財，一生也都不好過。一生都在煩惱和鬥爭中度過。性格上有時強悍、有時懦弱。

有時表面大方，但內心吝嗇、奸詐。有時算盡機關，但終必有敗。時間到了，就會潛入宗教（多半在中年以後），但也無法找到心靈的安穩、慰藉。要到生命安息時才獲得解脫。

**『擎羊、火星』及『擎羊、鈴星』坐命的人**，一生中起起落落，多意外事故，脾氣急躁、多權謀，但智慧又似不高。會有怪異的聰明和怪異習性，是有時懦弱、有時強悍，但心緒不穩定，也常糊塗做錯事、頭腦不清、分不清實際利益的多寡與目標。做人反反覆覆、無正義和廉恥之心的人。這也是刑剋別人，也刑剋自己的命格。亦有短壽、暴斃之嫌。『擎羊、鈴星』的人，反應力較快，似乎較聰明，但在做正事上，仍然是頭腦不清的，會一生不實際的，也看不清楚正確方向的。尤其在計算利益方面是程度很差的。

**『擎羊、文昌』坐命、『擎羊、文曲』坐命、『擎羊、文昌、文曲』**

**坐命的人**：此皆是刑剋其人的才華、能力，以及聰明度、智慧、權謀、以及工作能力、人生資源的格局。其人一定會大處不算、小處算。自作聰明、頭腦不清、對事情有出人意表的看法。其人外表或許溫和、但內心粗俗、懦弱，會沒有才華，或才華難展現。一生成就也不高。身體上有傷殘、病痛、帶病延年。

**『擎羊、天空』坐命或『擎羊、地劫』坐命**：其人頭腦不清的更厲害。為人也溫和、懦弱，一生不實際，工作能力差、易靠人生活，或工作斷斷續續、一事無成。身體有病，或傷殘，易早夭，生命不長。

## 第二節 擎羊在財帛宮對人的影響

**當擎羊在財帛宮時**，就表明了人命格中的財不太多了。使你一生在活著的時候財就減少。要看你命局中真正的財有多少。有些人活著時，花不到錢，反而在死後留下大筆遺產。有些人是活著時，財通通花完，死後也無財留下，這就是天生命局中真正財少了。

**有擎羊在財帛宮時**，至少表示你在活著的時候是可花的錢財、享用是受到限制不多的。為什麼不多？這有許多原因。一、是你天生不會賺大錢，只能賺小錢糊口。二、是智慧不高、頭腦不清、思想不實際、有些錢，你不想賺。三、是身體上有病痛、傷殘、或精神上耗弱。身體上的資源及後繼支持力、體力不足、使你不想賺或根本賺不到。

**當擎羊在財帛宮時**，會影響你在價值觀上有扭曲現象，在利益衝突

中會敗下陣來。

## 當財帛宮有『刑財』格局時

**當財帛宮有『刑財』格局時**，表示人生中財富的格局受到限制，不會太大了。至少是比你相同命格的人少。例如命宮是紫府坐命的人，當財帛宮有武曲、擎羊時，是乙年、辛年生的人。他們的財，就會比其他年生的紫府坐命者的財富少。而壬年生，有紫微化權、天府坐命，而財帛宮有武曲化忌的人，財富也不多，且常受金錢上的困擾是非、財不順。

**財帛宮有武曲、擎羊時**，錢會賺得少，也會財不順。他是因在錢財上爭鬥多、夾雜著政治問題與衝突（表示是人與人之間的衝突）而錢財有刑剋的。自然在花錢方面，也常有被劫財、或是有人常向你要錢、剋

害你的財。你本身也會在錢財上不夠周密、理財能力上有瑕疵，或賺錢能力不是很強，而出現錢財問題。**擎羊居廟時**，是因頑固、頭腦不知變通，而刑剋財。**擎羊居陷時**，是懦弱無能而刑剋財。

（財帛宮有『武曲、擎羊』時，包括了『武貪、擎羊』、『武府、擎羊』、『武殺、擎羊』）

**財帛宮有天府、擎羊時**，錢財會賺得少、存的少，有時也財不順。這是因為在錢財上匯集的能力差，理財觀念有偏差或理財能力有瑕疵，做事不實際、執行能力不佳等原因而進財少、耗財多。有時這是一點一滴所耗掉的。也會常有被劫財的問題。

**財帛宮有太陰、擎羊時**，這會有四種等級的財，一是『太陰、擎羊』皆居廟、居旺在戌宮、丑宮。二、太陰居旺、擎羊居陷。三、太陰居陷、擎羊居廟。四、『太陰、擎羊』皆居陷。財富的等級已自然分出

了。

財帛宮有『太陰、擎羊』時，表示陰藏、儲存的資源及能力受到刑剋，既會刑剋活著時手中的財，又會刑剋生命資源的財（包括健康、壽命），因此財帛宮不佳的人，身體、壽命也會不佳。智慧也會低落。因為財帛宮和福德宮是相照的，擎羊也會相照到福德宮，形成『刑福』格局，故也會短壽。因此當財帛宮有『太陰、擎羊』時，會刑剋兩種財，一是人生中在手中的花用之財，一是生命、健康、壽命之財。

當財帛宮有『太陰、擎羊』時，亦會因情緒的起伏、感情的愛恨而影響到賺錢的多寡。所以有此格局時，更要注意：你就是『機月同梁』格的人，要有固定的職業、工作，你才能有糊口之資。不過你一定會有工作斷斷續續，做不長久的問題出現，這也是刑到了薪水之財了。

羊陀火鈴

## 當財帛宮是『刑官』格局時

**當財帛宮有『刑官』格局時**，例如擎羊和紫微、廉貞、太陽、天梁同宮時，表示你是因工作上的問題、思想不實際而錢財受到刑剋、變少的。有些錢你不想賺、不想去努力而賺不到。**當擎羊居廟時**，你偶而去爭一下，但爭不久。**當擎羊居陷時**，你會懦弱不爭，或想用其他陰險的方法去得到，但結果是都不成。

**當財帛宮有刑官格局時**，你也會智慧不高、做事不俐落、想用清高的方法來賺錢，但天不從人願、機會不好，這是你太意想天開了。賺錢的方法不是你所想像的那樣，所以你會受到打擊信心的事情困擾。同時你較會用政治的方法，與人交換利益，或和人際關係有關的方法來賺錢，但這是你的致命傷，根本是想法錯誤，反而會賺得少或賺不到。

## 當財帛宮是『刑運』格局時

**當財帛宮是『刑運』格局時**，有『擎羊和貪狼』、『擎羊和天機』同宮時，你的財運天生不佳、多是非爭鬥。你也看不見財，會做一些無謂的爭鬥、競爭、頭腦不清，目標、方向不明，奮鬥力使不上勁。**當擎羊居廟時**，你會強力爭奪，但爭不到多少利益。**當擎羊居陷時**，你會懦弱的不想爭，或放棄，另尋機會，但機會始終不佳。你會一生起起伏伏，每當有財運時，便競爭激烈、是非多、很頭痛、劫財或耗財凶。有時你也會有另類思想，用釣魚的方法，引蛇出洞，但最後不是得不償失，就是全軍覆沒了。結果都不令人滿意。

## 當財帛宮是『刑蔭』格局時

當財帛宮是『刑蔭』格局時，表示沒人幫忙你生財，反而耗財的人

多。而且在錢財上不能靠名聲賺錢。例如說：你是靠賣東西維生的，你就會賣沒品牌的東西。如果你是作家，你就會寫一些出不了名的文章、或是八卦文章。你若是做老闆，也是金錢常不順的小公司、小店的老闆、生活會拮据。此格局的人也是『機月同梁』格的人，最好去上班、為人服務、較會好一點，但也會起起伏伏、斷斷續續。

## 當財帛宮是『刑印』格局時

當財帛宮是『刑印』格局時，是財帛宮中有『天相、擎羊』的格局。若是擎羊在福德宮相照，財帛宮有天相，也算是『財帛宮有刑印格局』。

這表示你在賺錢、花錢，處理錢財的問題上都有極大的刑剋、掌握不到主導地位，而是任人擺佈、宰割。雖然你常感覺錢有不足，很想賺

錢，但賺不賺得到全憑別人在主宰，你自己再努力也是鴨子滑水，沒用的。別人給你多一點，你就多一點。別人欺負你給你少，你就得到的少，完全受制於人。而且常受欺負、常遭人賴帳、不給錢。朋友、親人、老闆常會自己扣你的錢、不經你同意。做生意時，你也會被客人賴帳或扣錢。你常易被騙、做白工。你會頭腦不清、理財能力不好、為人懦弱、遭人欺負。為人很節省，但會耗財多，專花一些不實際的錢財，更會常被人劫財。

## 當財帛宮是『刑福』格局時

當財帛宮是『刑福』格局時，是財帛宮有『天同、擎羊』或『天相、擎羊』。『天相、擎羊』在前面已說過了，而且是『刑印』格局較嚴重，自然影響到進財和耗財。

**當財帛宮有『天同、擎羊』時**，表示其人在錢財上不能平安取得。財帛宮不是財星時，錢財原本就少了。財帛宮有天同福星時，表示是衣食之祿，有吃穿的錢財而已。再有擎羊，更表示連吃穿的錢財都受到刑剋不順了。因此，有工作就有飯吃，沒工作就餓飯。但常常工作斷斷續續、生活拮据、有餓飯之慮。這也是『機月同梁』格薪水族的格局，薪水又遭到刑剋的狀況。

## 當財帛宮有殺耗之星和擎羊同宮時

**當財帛宮有擎羊、七殺時**，其人頭腦不清、賺錢不易，會賺不該賺的錢。東拉西湊的過日子，也會有時很打拚，但又做了白工，有時該努力卻又意興闌珊而懶惰。是該爭的不爭、不該爭的又拚命爭。頭腦不實際，看不到賺錢的方向。通常這種人是本命中稍有財，但手上花不到

錢，也苦於不知錢在那裡？要賺就是賺不到。

**當財帛宮有擎羊、破軍時**，其人頭腦不清、賺錢機會少，花錢的機會多。但處處好爭、一生破耗大、運氣也不好。一想賺錢，就出現競爭者。於是他容易有花大錢釣大魚的想法，但會功虧一潰而破耗更大。普通的時間他是慳吝小氣、一毛不拔的，除非有大利益引誘他，就會做出大破耗。一生常在窮困之中，常遭騙，或受欺負，但始終性格頑固改不了。因為其人的財帛宮和福德宮中的天相，形成『刑印』格局，故容易遭騙。

## 當財帛宮有『擎羊、巨門』同宮時

當財帛宮有擎羊、巨門同宮時，你會賺口舌是非爭鬥凶的錢，非常辛苦。會賺錢少，或進財不順，亦會工作斷斷續續，進財時常有麻煩。

但是當麻煩和爭鬥變少時，會更沒財進，麻煩多才有財進。

## 當財帛宮有『擎羊、左輔、右弼』同宮時

當財帛宮有擎羊、左輔、右弼時，左右更幫助其人在財富上的刑剋更凶。亦會加速、加量的刑剋財。在賺錢上會更艱辛、困苦，亦會讓其人賺邪惡的錢財及耗財凶。不義之財得來的快，財來財去也很快。終究是兩手空空。

## 當財帛宮有『擎羊、天空』或『擎羊、地劫』時

當財帛宮有『擎羊、天空』或『擎羊、地劫』時，你在賺錢上的狀況常是起先有爭執、競爭、很煩，但爭到一半，中途突然安靜、無人爭了。但你也沒賺到錢，錢財也空了。賺錢的機會沒有了。因此持續有競

爭者來相抗衡，還是好的，至少有機會來拚、來賺錢。

## 第三節　擎羊在官祿宮對人的影響

**當擎羊在官祿宮出現時**，表示其人會在聰明才智、事業、努力奮發的能力，以及身體的先天資源上受到刑剋。你會頭腦不清、認不出明確的方向努力。事業或功課上競爭多、很傷腦筋，你並不比別人聰明，你會把聰明放到一些旁枝末節的方面去。你會多煩惱或多計謀，多是非，造成一些剋絆自己運程的事。或用許多煩惱、憂慮來減少自己的生命資源或身體健康，因此不算聰明。**當擎羊居廟時**，你是頑固、好爭，又不一定爭得過的人，卻是刑剋自己多一點的人。**當擎羊居陷時**，你是懦弱、不想用正當方法來爭，會用陰險的方法來爭的人。

## 當官祿宮是『刑財』格局時

當官祿宮是『刑財』格局時，表示你在工作上所得之財不多。人生格局中的財也不大。你在工作上或思想上會不重視錢財。也會覺得窮了，或拮据了才想賺錢，但財運不佳，也賺不到什麼錢。你適合做專業的工作，或做領薪水的工作較會生活平順。你的行動力也不強，容易懶惰，對工作常頭痛。工作上困難、麻煩、競爭又特別多、很難應付、賺錢不易。你適合做與錢財無關的工作，較不會直接受衝擊，因為你的理財能力不好，常會在數目字上有錯誤。常愛計較，但所計較的事情和對象搞不清楚。因此在工作上常有疏失，容易工作斷斷續續做不長。

**官祿宮有『武曲、擎羊』時**，（包括『武府、擎羊』、『武貪、擎羊』、『武殺羊』）工作上所能賺到的財富格局大幅縮水，且有政治鬥爭（人際關係上的爭鬥），使你賺錢的機會減少。也會使你的劫財與耗財

增多，煩惱更多，是非、災禍也多。你在錢財上、工作上會有不明智及錯誤的地方，也容易遭罷黜、停職或失去工作、失業之處份。更要小心因錢財問題而受官非牽連。

官祿宮有『武曲、擎羊』時，會賺不該賺的錢。擎羊、武曲居廟時，是一時貪心、鬼迷心竅而賺不該賺的錢。『武殺羊』是因為窮、挺而走險而賺不該賺的錢。

## 官祿宮有『天府、擎羊』時（包括『武府羊』、『廉府羊』）

官祿宮有『天府、擎羊』時，表示在事業上原本是有財富可進的，但因為許多意外原因而賺不到很多的錢了。這些原因中包括智慧不足、思想不實際，或因自做聰明、或因工作上競爭者多，或因自己的奮發力不足、或因計算能力不佳、或因太煩惱、太笨、用腦不夠等種種原因導

致。這也表示你在生活中的財（指身體健康和壽命）也都受到嚴剋的傷害。

**官祿宮中有『天府、擎羊』時**，表示你原本是要做儲蓄、匯集的工作，但能力不好、做不成、能力有瑕疵、賺不到太多的錢，你也會頭腦不清轉向其他做生意的方面去了。實際上這是一種做公務員、做固定、專業工作才會平順的格局。因為在你生命中的財被縮減至只有衣食之祿而已了。當『天府、擎羊』居廟時在丑、未宮或『廉府羊』的格局，你好像還蠻會賺錢，但錢財是起起落落、存不住財。身體上也常有病痛，承受不了工作上的煎熬和辛苦。

**當天府、擎羊在卯宮**，擎羊居陷時，工作有斷斷續續的現象，也得財不多。

## 官祿宮有『太陰、擎羊』時

官祿宮有『太陰、擎羊』時，會刑剋陰藏的財或按月發放的財。例如薪水、儲蓄、房租收入、銀行存款及利息等財。在本命中你是『機月同梁』格的人，必須有定職、定薪才會生活平順。也只適宜為人服務，無法做生意了，否則必有敗局。**『太陰、擎羊』皆居廟時**，容易賺不該賺的錢財，會因感情一時衝動去賺不該賺的錢，例如賺不好的兼職收入，或放高利貸，結果影響正職收入，遭罷職、失業或錢財泡湯等等。

**『太陰、擎羊』皆居陷時**，也會賺不該賺的錢，此是因為窮困、沒辦法而賺的，結果更陷自己於困厄之中。

有『太陰、擎羊』在官祿宮的人，都會因為感情上的起伏而耗財。也會因為感情問題而傷害事業，故有頭腦不清的狀況。有時也會不重錢財，尤其是在卯宮『太陰、擎羊』皆居陷時最嚴重，破耗會更凶。其人在身體上也會有病痛、傷殘而影響工作、事業，這是刑剋到生命的財了。

## 當官祿宮是『刑官』格局時

**當官祿宮有『刑官』格局時**，『刑官』就是刑剋事業、工作機會。官祿宮又管得是事業上的問題。因此當官祿宮有『刑官』格局時，事業肯定不順，多是非麻煩和爭鬥。你也會在聰明才智上有瑕疵，或有想不到，顧慮不周全的困擾。

**在官祿宮有『刑官』格局時**，在一生中的事業運中必因是非糾紛或官非而有工作中斷的時候。也可能會斷斷續續的不長久。做事容易半途而廢。並且其人的家庭也不太寧靜，和配偶之間的關係常緊張、尖銳，無法好好相處。因為事業運起伏大，或中途無工作，影響家計，因此也影響家庭生活。

當官祿宮的『刑官』格局中，**擎羊是居廟時**，表示你好用計謀、有強悍及頑固的力量，由於內在感情因素對人對己的要求都很嚴格，以至無法達到你在事業上想達到的型態標準。你會很自私，凡事以自己的喜好為重。好爭，容易爭或容易賺一些自己不該賺的錢，而引來災禍，導致事業不順。

**當官祿宮的擎羊居陷時**，你也會好爭、好用心計、自私、頑固。但有懦弱的表現，有時爭了半天，爭不到，你也無所謂。做事常做白工。計謀也常成空想。你會懦弱的時候多，事業上不順的時候多。爭鬥激烈，半途而廢的事情多。你會弄不清事情輕重、該賺的錢，又故作清高，反而賺一些私下暗地裡來路不明的錢，而引起日後的災禍，導致日後的紛爭或惡果。

當官祿宮是『刑官』格局時，你會性格剛直，人緣、機會上都有瑕疵，但會該說的不說，不該說、不該做的事反而衝口而出，成為日後種下的惡果。

## 『紫微、擎羊』的『刑官』格局

**當官祿宮是『紫微、擎羊』的『刑官』格局時，在午宮，**紫微居廟、擎羊居陷，表示你在事業上仍可做上高位，但你的頭上仍然有人，所以你即使坐上非常高的位置，仍會是第二把交椅，無法坐第一把交椅。你也可做公司負責人，但會有另一個老闆，與你等量齊觀的挾制你，平衡你，所以你不見得可獨攬大權的。並且你在工作中多遇小人，是非多，競爭多，爭鬥多。因為擎羊是陷落的，是故你常有心懶、灰心之狀況。只要有是非一發生，你便有退卻、讓步、想辭職、不幹了的想

法。所以在打拼力上是斷斷續續的，有時前進，有時後退，有懦弱，退讓的狀況。所以有時想成功，必須靠機運和大運的運程才能完成了。大運不好時則起伏大，也會有失業之時。這是因為此格局，同時也是『刑運』格局。因夫妻宮的貪狼會相照官祿宮，和官祿宮的擎羊形成『刑運』格局。因此容易失去好運機會，也會在事業上的人事鬥爭上頻繁一些。你會心比天高，有大志向，但不求實際，也容易流於妄想。

**在子宮**，紫微居平、擎羊居陷。表示事業的基礎已不太高了，只是普通一般的工作基礎。其人的智慧水平也不太高，而且常會因一些懦弱、自私的想法會變換輕鬆的工作，或常失業，有頭腦不實際較嚴重的想法。他會常想，現在我做這個工作這麼辛苦，那我再換一個工作好了。換了之後，又想做其他的工作，一直覺得現在的工作都太辛苦了，換工作的中途也常失業、不工作。因此是反反覆覆、工作不長久之態。

並且常常想換做老闆看看，結果仍是不順，經營不下來。他常歸疚於是運氣不好，別人不幫忙。但自己心態懦弱，這個不能做，那個不會做，他給自己的限制很多，幻想也很多，常覺得別人的運氣好，怎麼一下子就變成大老闆了，為何自己老做不成？心中抱怨很多，這是頭腦不清楚，不從自身反省起，一生也難得到答案。

## 『太陽、擎羊』的『刑官』格局

**當官祿宮有『太陽、擎羊』之『刑官』格局時**，表示你天生在男性的社會和團體中有競爭、爭鬥、是非、不順。自然在事業上會常亮起紅燈。你也會和父親、長官（尤其是男性長官）、丈夫、兒子等的關係緊張。在本身身體上眼目和心臟、頭部常不好、有頭痛、高血壓或心臟病的跡象要小心。你常會因事業上的是非爭鬥，心灰意懶，事業上有斷斷續續的情況。也會因身體的狀況，中途或中年停止工作。在你一生中的事業都會比常人打了很大的折扣。同時在婚姻關係也會受影響，而失婚。

**當擎羊居廟時**，你會想爭不見得爭得到的工作，有強悍、頑固的競爭心，而導致自己內心的不平衡，有自我刑剋現象。你也會因為太敏感和想法的問題先發制人，動作太快而失誤。也會有家庭問題，或夫妻失和現象。

**當擎羊居陷時**，你會想得多，自以為陰險，其實還差得遠。做一些小私小利的事，為人會有一些懦弱，常放棄機會，會『刑財』或『刑蔭』，沒有貴人幫忙，或不想別人管，也不想找貴人。在錢財上有不實際的想法，不會理財、耗財多，也找不到賺錢的方法，生活層次會降低。

**『太陽、擎羊』在午宮的『刑官』格局**，太陽居旺、擎羊居陷，表示事業上爭鬥多，你常敗下陣來，工作不平順，會起起伏伏。但年運好時，仍會進財。但在事業上你必有一重大弱點，和重大失誤，會造成你一生的憾事，容易衝不上去。你在事業上、工作上也會小人多，磨難多，機會很好，但總有某些事成為一堵牆擋著，讓你心中不甘心。你也會在一生中放棄多次機會，東山再起。事業上仍有機會，可做得很好。但會斷斷續續，一直要痛下決心，才能做得好。

**『太陽、擎羊』在子宮的『刑官』格局**：因太陽、擎羊皆居陷位，表示事業形態晦暗不強，又多暗中爭鬥與是非。尤其有小人在暗中陷害，這個小人一定是男的。你一生會起伏大，常鬱悶不順，也會因為身體不好，而中途停頓。你會有年長有能力的配偶照顧你，工作不順也沒關係。常會失業或不工作。在事業上也沒有企圖心，永無出頭之日。

**『太陽、擎羊』在辰宮的『刑官』格局**：因太陽、擎羊雙星居廟，你會處處爭，計謀多，但不見得事事順利。你會性格強勢，也要小心家庭問題。因擎羊和夫妻宮的太陰又相刑，形成『刑財』格局，因此你會做一些沒有利益，或傷害自己利益，而堅持要做的工作。你也會做一些不利於自己名聲的工作。或是損害自己名聲的工作，而想賺錢又不一定賺得到。

**『太陽、擎羊』在戌宮的『刑官』格局**：因太陽居陷、擎羊居廟，這是事業運不佳，又強力要爭鬥的格局。因此容易做一些非法之事，或暗中鬥爭之事。事業不長久、常失業，或斷斷續續。中年以後會漸怠惰、不工作。你一生無大志，愛賺錢也賺不到，努力讀書，有『陽梁昌祿』格的人，有教職工作，亦可平安。

**『陽梁、擎羊』的刑官格局**：在卯宮，陽梁居廟，擎羊居陷，這是

# 羊陀火鈴

『刑官』又『刑蔭』的格局，因此貴人運也不好，但仍會有不合於你需要的貴人存在。因為這是甲年生的人會碰到的格局，並有太陽化忌在宮中，因此在事業上你會有奇怪的機遇而常換工作，或有思想混亂，誤入歧途，做到不好的工作。或和男性長官不和而失業。在事業上多是非、爭鬥，也容易遭免職、罷黜，或官非糾纏，一生起伏大，事業是斷斷續續不長久的，也賺不到什麼錢。中年以後便不想做了。

**『日月、擎羊』的刑官格局**：這是『刑官』又『刑財』的格局。即使丁年生的人有太陰化祿在宮中，也是『祿逢沖破』而財少的。此時擎羊皆居廟位。因此常想爭不該爭，或爭不到的東西，會份外辛苦。也會情緒起伏大，有與石俱焚之念。事業會斷斷續續做不長，在錢財上也常不順，有拮据之苦。

## 『廉貞、擎羊』的『刑官』格局

**當官祿宮有『廉貞、擎羊』的『刑官』格局時**，例如有『廉府羊』、『廉相羊』、『廉殺羊』時。

**當官祿宮有『廉府羊』時**，此時廉貞居平，天府居廟，擎羊居廟。這是『刑官』又『刑財』的格局。因此其人的頭腦不聰明，常想一些笨方法，自做聰明，賺不到太多的錢，工作常中途中斷、斷斷續續，刑財又耗財，無法留存財。因此積蓄總是存不住易花掉的。一生都只會反覆的過只是一般普通人的生活。你也會因婚姻問題而影響到你的工作不順，也會因工作上之起落影響家庭婚姻。在『夫、官』二宮又形成『廉殺羊』之格局，亦要小心在辰、戌年逢車禍有傷災，三重逢合有性命之憂。

**當官祿宮有『廉相羊』時**，這是『刑官』又『刑印』的格局，故你

在事業上常遭人欺負，一生有志難伸，易被埋沒。並且你也智慧不高，有些愚笨，常被人嫌，亦會常失職遭開除、罷黜的命運。你天性懦弱，沒有擔當，也會遭人瞧不起。多有金錢是非，錢財不順。你也會懶惰、做事不利，或不工作，一生起伏大。

**當官祿宮有『廉殺羊』時**，這是『刑官』又『刑命』的格局。你會頑固、笨又愛拚。工作上是爭鬥多又陰險的，但你無視於這些，而強力要爭，容易在爭鬥中陣亡。你會做軍警業，與血光的工作為伍較好，你本性喜歡享福，也會做到主管級。並不一定自己親自看到血光。爭鬥太多時你便會退休。你會爭一些原本不屬於你的利益。也容易賺一些暗中的錢財。但東窗事發時，就是生命結束的時刻。你也容易因工殉職，或因工作的關係受傷、殉命。

## 『天梁、擎羊』的『刑官』格局

當官祿宮有『天梁、擎羊』時，這是『刑官』和『刑蔭』格局。表示在事業上貴人少，也會遇到陰險之貴人，幫忙不利。更會刑剋名聲、難有出頭之日。在工作上會起伏不定，也會不重名聲，只想賺錢，但工作型態又是無財利的工作，因此賺錢較困難。做固定的薪水職會平順。你的家庭生活也要注意，也容易離婚或因工作不順而導致離婚。

## 當官祿宮有擎羊和殺、耗、暗星等同宮時

**當官祿宮有擎羊和七殺同宮時**，工作上有激烈爭鬥、搶奪狀態。七殺、擎羊皆居廟時，你會較有智謀來爭奪，因為會形成『廉殺羊』之格局，故要小心意外事故、車禍、兵災、刀槍傷而陣亡及遇險。也要小心家庭和人際關係上的變化不順。一生中一定有一次大災難要度過，這會

是與性命攸關之事。擎羊居陷時，你是頭腦不清、糊塗、懦弱、喜糾纏別人，工作能力不強，做事蠻幹，也易遭災、車禍等事。

**官祿宮有擎羊、破軍同宮時**，一生中一定有大破耗，工作上多爭鬥是非，永不停息。工作也會斷斷續續不長久。你會喜歡創業，也喜歡選擇多爭鬥、競爭的工作。擎羊和夫妻宮中的天相形成『刑印』格局，因此在心態上，你也會有懦弱的一面，做事不會太果斷，反而會該爭的不爭，不該爭的強行要爭，看不清狀況，而常有失誤。耗財多。一生中有多次重大起伏。

**官祿宮中有擎羊和巨門同宮時**，事業上多是非爭鬥很激烈。工作會有一票沒一票的，也會斷斷續續不連貫。這是爭鬥凶時，會有財進，爭鬥停止時，便無財。你的家中爭鬥也多，你也會頭腦不清楚，常把爭鬥帶到生活之中，會自以為聰明而時時在戰鬥。當擎羊居廟時，爭鬥有

利。擎羊居陷時，會懦弱、放棄而功虧一潰。你也會自私、自利、不尊重別人。你本命中財少，要靠奪財，才能有工作多財，故人緣不太好。也會易遭人排斥。

**官祿宮有擎羊、火星時**，事業上多是非爭鬥，常有火爆場面。但你會頭腦不清楚，做事不實際又衝動，耗財多，反覆不停，不長久，起起伏伏。也會做陰暗邪惡的工作，或與傷災、血光、意外災禍有關之工作。或與黑道有關的工作。做生意會耗財、虧錢、敗財。

**官祿宮有『擎羊、天空』或『擎羊、地劫』時**，其人頭腦不清，價值觀空茫，不實際，工作常無疾而終，也不太會工作，幻想多、點子多，但做不成。工作上也會是非爭鬥多，但常在幾天之內便悄悄無聲無息，而中斷、爭鬥停止了，工作也沒了，財也沒了。

羊陀火鈴

羊陀火鈴

# 第三章　擎羊在『夫、遷、福』對人的影響

當擎羊在『夫、遷、福』這個三合宮位時，因為此三合宮位是次於『命、財、官』的三合宮位，它雖不是直接生長在人的身體裡面，或是種在人身體裡面的內在DNA基因，但它是外來因素的影響，再經過人內在思想的變化，也會使其人改變或修正其內在因素，而產生不同的命運的結果。

例如**夫妻宮**會代表其人內在感情的模式，尤其身宮在夫妻宮的人，會特別注意自己的感情導向，以感情重於一切利益的價值觀來主導生

活。

**遷移宮**則是代表一個人一生中所處的環境。環境好、富裕，其人生活順暢愉快，對人也會寬容、公正、做事正派。也會一生福好、命好、成就高、對其他的人也有益。環境不好時，生活艱難，對人吝嗇、計較，也會受環境影響做人不正派，有奸詐、低賤、做偷機摸狗或坑矇拐騙之事。但也自己多遇災禍。

**福德宮**不但代表自己的享受，也代表其人內在腦子裡的想法，觀念和傳承於祖上的福德與家庭教養。福德宮好的人，祖上、父母傳下來的好的ＤＮＡ較多，一生很受用，辛勞會減少，也懂得維護自己的生命資源的源頭，生活及人生層次可提高。福德宮不好時，較辛勞，父母傳承於他的福德較少，需要自己打拼的事多。生命資源的源頭較貧乏。自己的享受少，在其人腦子中的想法複雜，也常會使自己更辛苦，更勞累而所獲不多。

**有擎羊在『夫、遷、福』的宮位中出現時**，不論是在那一宮出現，也都會在思想上、境遇上遇見困難。這種困難，有些是原來就存在的，（例如在夫、福二宮）。有些是自己的思想導致所造成的（例如在遷移宮）。**當擎羊居廟時**，表示你的打拼力、奮鬥力仍是強勢的，但會有一些問題糾結著，你脫不出那個桎梏、狹隘的地方，老是會因相同的問題重複出現而有境遇上的變化，在人生中彷彿總有一些衝不破的牢籠，使你不能如願達到高峰。這是你自己思想和觀念的問題，別人也幫不了忙。你也會強力要爭一些不該你爭的東西。

在『夫、遷、福』三合宮位中，**當擎羊居陷時**，表示在你的人生中常有讓你懦弱、姑息之事，這些事會阻礙你的人生發展，讓人生不順。你容易該努力爭取時而放棄。想爭而未爭。也容易有陰險不好的想法，或坐享其成，或愛貪便宜而因小失大。

## 第一節　當擎羊在夫妻宮對人的影響

**當擎羊在夫妻宮是『刑財』格局時**，表示你的配偶理財能力不好，在賺錢上方法不好，事業運有起伏，會賺錢不多。你也會是個不重錢財的人，或想賺錢又賺不到，方法不好的人。你更會是個小氣吝嗇於財的人與窮的人。因此你也無法找到能力好，能幫助你有富貴人生的配偶了。

**當擎羊居廟時**，表示你和你的配偶都是個性強又好爭之人。常愛比較別人和自己，也會相互爭鬥，做一些無謂的爭鬥。你和配偶都很自私，但兩人一致向外時，會爭贏。兩人相互內鬥時，必有一傷。婚姻不長久。你也會找到比你還強悍之配偶。只要你想過平安的好日子，你們

就會平順白首。只要你想吵、想鬥、想翻臉，你的配偶比你翻臉的速度還快，一定爭個你死我活，兩敗俱傷。

**當夫妻宮的擎羊是居陷時**，夫妻倆都自私、懦弱、陰險，但不一定真吵、真翻臉，一定會找好時機才翻臉。你和配偶皆不會理財，也會小氣吝嗇、心窮，身也窮。在生活上也會不順暢，夫妻間彼此有相互利用，有利害關係的起伏升降。在愛情上，即使找到不合意的配偶也會勉強生活。但又彼此挑剔怨懟。

當夫妻宮是『刑財』格局時，要看你本命的財多不多，也要看夫妻宮的財星和擎羊的旺度如何，來定財被刑的嚴重性。

**武曲、擎羊在夫妻宮的刑財格局**，配偶做軍警武職或醫療行業，有固定職業，夫妻能平順生活，但仍會有不合現象。你的內心也是強硬、霸道、自私的人，對錢計較，但又刑財，會偏財運減少，人緣也會不

好，機會運氣也會減弱。

**『武貪羊』在夫妻宮或『武曲、貪狼化忌、擎羊』在夫妻宮的人，**以前者『刑財』較不嚴重一點，配偶做武職，彼此仍能相處平安。後者會有人緣不佳，錢財也不順，或因意外身亡之配偶。前者仍能因配偶而有意外之財，但不會是太大的財。後者則無。

**『武殺羊』在夫妻宮時**，是心窮之人，常因想佔便宜而找到財少又凶惡的配偶，夫妻打架、吵架無寧日，也會因錢財相互傷害、殺害，頭腦不清。你更會找到能力差的，品性不良之輩做配偶，而你自己的心態也不好，因此註定會貧窮困苦。

**天府、擎羊在夫妻宮時的『刑財』的格局**，表示配偶和你都會自私，對自己大方，對別人和配偶小氣，也會內心有陰險、邪惡、耗財的想法。配偶賺錢的能力會不太高，價值觀會略和你不同，會和你因錢財

問題多爭執。擎羊居廟時，配偶強勢會控制你的錢財。使你存不住錢財。當擎羊居陷時，配偶會挖你的財，耗你的財，你也存不住錢財。你們都是財庫有破洞的人，留不住。你自己本身在賺錢上也有瑕疵，會拖拖拉拉的不進財，或對理財很笨。因財帛宮有陀羅是故，因此會生活不富裕。

**太陰、擎羊在夫妻宮的『刑財』格局**。表示配偶和你都自私。配偶賺錢辛苦，**當太陰居旺時**，配偶還有一些財，你和配偶之間的感情還有一些，但自我保護主義濃厚。有時還講一些情份，但會要求高，常有磨擦。**當太陰居陷時**，你自私的心態嚴重，也會找到傷殘或心態不佳又窮困的配偶，或不結婚。**當擎羊居廟時**，配偶性格強，會掌控你的錢財，為利是圖，**當擎羊居陷時**，配偶性格懦弱陰險、會來挖你的財。你也會懦弱、陰險、心窮、會使大家皆無好日子過。

※當夫妻宮有『刑財』格局時，都會有唯利是圖，自私和好爭財，但又財不順的困擾。

**當夫妻宮有『刑官』格局時，有擎羊和紫微、太陽、廉貞、天梁同宮時**，表示配偶的事業會不順，也表示在你的內心中，對事業上的價觀是有瑕疵的。你會覺得有些事不必做，或不必重視，因此喪失事業和工作上之大好良機。也會進財少。你的配偶也會被你影響而對工作、事業有限制作用。事業就做不好了。

**當夫妻宮有『刑運』格局時**，例如有擎羊和天機或貪狼同宮時。表示你的配偶過於聰明和狡滑，對人不真誠，和你的關係起起伏伏，你很難控制他。同時他會保守，在工作、事業上也常不順，或因機運不好、工作斷斷續續、影響你們的家計。你也容易有不婚或離婚現象。同時你和配偶在人際關係上都不算好，有離群孤獨之貌。你本身也會想得多，有陰險的思慮。

**當夫妻宮有『刑蔭』格局時，**就是有擎羊和天梁同宮，表示你的配偶是陰謀深沈之人，沒法照顧你，或對你的照顧是不合用的。你也容易找不對配偶或只同居不結婚。當擎羊居廟時，你會用計謀找到配偶，做小妾或情夫也沒關係，很敢介入別人的感情生活。當擎羊居陷時，你會找到剋害你，靠你養的配偶或情人，但不長久，會分開。你在心態上有孤獨，不喜人管之特質。因此在感情上很難佔到便宜。你也會內心不注視名聲，只追求利益，唯利是圖，很現實。

**當夫妻宮有『刑印』格局時，如有天相、擎羊時，**你內心懦弱怕事不負責任，也沒心把事做好，得過且過，因此賺錢不多，耗財多，也會拖拖拉拉進不了財。你在事業上發展也不大。你的配偶也是懦弱，不負責任之人，只會對你凶，因此兩人常爭吵，在家裡鬥，出外便不敢鬥

# 羊陀火鈴

了。

**當夫妻宮有『廉相羊』時**，表示配偶常有官非，也會懦弱，不負責任，配偶會因官非坐牢，或翹家，一走了之。你的婚姻不順。你也會懦弱，常想找人來幫你撐住生活上的重擔，但總找不對人。你在錢財上也會不順有起伏，心態上有陰險奸詐的一面，不過有武貪格暴發運的人，問題不大，隨時能翻身。壬年生的人有武曲化忌，暴發運不發，生活較艱苦。

**當夫妻宮有『刑福』格局時**，例如有天同、擎羊時，表示配偶身體上有傷殘、早亡現象。在你的心態上也有不好的、自私現象，你會操勞、奸詐，但錢財不順、財少。只要有固定工作，或修身養性，仍能有吉祥如意的生活。

## 當夫妻宮有擎羊和殺、耗、暗、劫之星時

**當夫妻宮有擎羊和七殺同宮時**，表示夫妻間的關係非常不好，你也會找到價值觀不相同的配偶，彼此相剋。會有離婚或不婚的事情。同時也表示在你的內心中會有頑固、強悍、霸道及不講理、糊塗的主張，不讓別人發表意見，而自己強力要做主。同時你的配偶也容易有傷剋事件早夭或傷殘或有生離死別、分離之事。

**當夫妻宮有擎羊、破軍時**，你不一定會結婚。也可能會和傷殘、破敗及離過婚的人有姻緣或同居。你的內心會有許多不好的陰險的計謀。當破軍、擎羊皆居廟、居旺時，有時計謀能得逞。擎羊和破軍居平陷時，就會失敗而耗財。你會因為自己想法惡毒的關係，讓自己的一生都不好過，煩惱、刑剋多，家庭生活也不幸福。你在工作上或許還順利，

但感情不順，容易落入孤獨、自私的境地。

**當夫妻宮有擎羊、巨門時**，表示你的配偶是非多，結婚時便不順利，婚姻生活也多是非糾纏，不快樂。你的配偶心地也陰險、狡詐。同時你也是個反覆無常，心緒起伏，是是非非多的人。你的是非災禍都是由於內心的煩惱多慮而產生的。你也愛計較，比較、好爭、好鬥，無法過平靜生活。夫妻間時有鬥爭不平息。你的內心有一個假想敵，有一天不爭鬥時，你就活不下去了。當擎羊居廟時，你的好爭與鬥志強，言行霸道，強力要爭，有時會爭贏。擎羊陷落時，你好爭、好計較又懦弱，會有不好的想法或一廂情願的想法而吃虧。

**當夫妻宮有擎羊、天空或擎羊、地劫時**，表示你頭腦不清楚，常意想天開，或不實際，因此在事業上也會不長久，工作會有斷斷續續的問題，做不長。你的配偶對你沒助益。你也會不結婚，或追不到異性。當擎羊居廟時，還會想法多，霸道、自作主張而耗財、或清高，不想賺錢。擎羊居陷時，會懦弱、腦袋空空，是一個爛好人。

## 第二節　擎羊在遷移宮對人的影響

**當擎羊在遷移宮時**，表示在你周圍及外在環境中有刑剋、不吉的事，或是易有傷災、不順。表示環境不好，環境對你不利，你須要小心謹慎。你會受環境影響而有特別的價值觀，會小氣或耗財、或人緣不好，或事業有起伏，或與家人、朋友不合。或要小心周圍環境中多小人，要小心被人綁架、撕票、或運氣不好遭人殺害。也要小心出外遇車禍、傷災、血光。一生中必有一件傷刑大事發生。你也會身體有傷，頭臉有破相，或一生中有多次開刀事件。

**當遷移宮中的擎羊居廟時**，表示環境中的爭鬥多，會常使你頭痛，也會使你不想外出或不想動。更會使你煩惱多，想得多、計謀多，做人處世也會智謀多、好爭，強行要辦到。好的一面便是自我要求高。要得到的便容易成功。但也會常想放棄，做事有頭無尾。

**當遷移宮中的擎羊居陷時**，表示環境中的爭鬥多，而你有懦弱現象，常想逃避、放棄、好計較，但別人一凶，你就會軟下來。也計較不成了。並且擎羊陷落時，受害最深，常遭別人在利益上侵害。也要小心流年不利時，會遭小人侵害或遇禍遭災，有車禍、血光及開刀等事件，亦會有性命之憂、短命之慮。

**當遷移宮中是『刑財』格局時**，例如遷移宮中有擎羊和武曲、天府、太陰、化祿同宮時，表示周圍環境中的財會變少。會有一些小人或不好的人、事、物在剋害你周圍的財。因此你的享用會少，會不富裕。

你也會小氣、吝嗇、頭腦不清。有些錢你不愛賺，有些想賺的錢賺不到。你還會在感情上、人緣上不順利、運氣也會受滯。你一生在賺錢方面多遇競爭對手，在工作、事業上會起起伏伏。和家人朋友的關係也會不和。你容易孤獨、人緣不好。你會容易常過貧窮的生活、耗財多、入不敷出、理財能力也不好、錢財留不住、財庫不穩。

**當遷移宮是『刑官』格局時**，例如擎羊和紫微、太陽、廉貞、天梁同宮在遷移宮中，你會在事業上起伏不定。和家人不合，環境中多爭鬥，幼年得不到最好的照顧。青、中年也得不到長輩的幫助。你一生中很難拼上高層次的上流社會。當擎羊居廟時，表示你的奮鬥力很強，也有計謀想衝破難關，但常有後繼無力之感。當擎羊居陷時，你會懦弱妥協，想爭、又常想放棄，不想辛苦奮鬥。

當遷移宮是『刑官』格局時，人生的絆腳石多，一生容易磕磕絆

絆、不順暢。官星居廟或旺時，你的人生還有救，只要努力仍能衝破難關，但要做到獨尊為主仍是較難的。官星居平、居陷時，一生較晦暗，競爭力不足，只有做檯面下的競爭或沒沒無名的過生活，起起伏伏的過一生。

**當遷移宮有『刑運』格局時**，表示擎羊和天機或貪狼同宮。這表示你的聰明常用錯方向。有時也會讓你失去一些人緣機會。有時你也會不愛動、或頭腦不清。使機運減少了。也會多煩惱、多憂慮而失去好運。更易在外有傷災或不吉、災禍、車禍之事。環境中也易多爭鬥、競爭。

**『貪狼、擎羊』在遷移宮雙星居廟時**，你會不愛動、保守而失去機運。有時也不重視人緣機會。不想和人多來往，有孤僻現象。當貪狼居旺、擎羊居陷時，孤僻現象更嚴重，失去的機會更多。人緣也更滯礙，環境中爭鬥極凶。

**『天機、擎羊』在遷移宮，天機居廟、擎羊居陷時**，在你的環境中多變化的因素，但小人多，是非爭鬥多，事情起伏不定，你也會用陰險的聰明來出奇致勝，有時會成功，有時會失敗。**當天機居平陷，擎羊居廟時**，你只有小聰明，但可氣勢強悍，會用霸道，不講理的方法來致勝，但外在環境中凶的人也更多。

**當遷移宮有『刑蔭』格局時**，表示是擎羊和天梁同宮，你會在名聲上受到限制，無法出大名。也會遇不到好的貴人幫你的忙。更會與長輩、長官、上司、女性或晚輩有衝突，人緣不佳，也易有爛桃花。你會頭腦不清，事業也受到限制。因為同時也是『刑官』的格局。你的打拚能力不強，會中途中斷。你也會對人的慈愛心較少，對子女的照顧不周全。並且本身在才華上也沒好的表現。

**當遷移宮是『刑福』、『刑印』格局時，表示是擎羊和天同、天相同**

**宮**。天相和擎羊同宮亦是『刑印』格局。會一生受欺負，頭腦不清，受盡欺負。並且身體上有傷殘現象。遷移宮有天同、擎羊，其人也會因為意外，身體上也會有傷殘現象。有『刑福』格局的人，都會懦弱，容易成為別人奴僕，聽人使喚。但本身又陰險、奸詐、更會遭災。一生運氣不好，也會刑財和貧困。

## 當遷移宮有擎羊和殺、耗、暗星同宮時

**當遷移宮有擎羊和七殺同宮時**，表示你的周遭環境險惡，爭鬥多，你會性情懦弱，又好爭，頭腦不清，分不清時機吉凶，也容易明辨不出善惡吉凶，容易遭歹徒挾持或陷害，也容易貪便宜而起惡心。一生中會遇有大災難、天災、人禍不斷。剋害你的就是你身邊的親人，因此你會六親無靠而孤獨。年運不佳時也會遇災身亡，或有傷殘現象。

## 羊陀火鈴

**當遷移宮有擎羊、破軍時**，你的環境險惡、爭鬥多、破耗多，一方面是錢財破耗，一方面是身體傷殘或血光的破耗，這是會刑剋到生命的財的格局。你會懦弱，沒主見，易受人欺負，也會退縮、膽小，一生運氣不好。傷害你的，也是你周圍的人。你會受小人挾持，一生不順利，賺錢也不容易，存不了錢。周圍環境始終是爭鬥多，破破爛爛的，家庭也會破碎不全，宜做軍警、醫界、或與血光、刀槍器械為伍的工作，錢財較會平順，但一生中也必遇大災，或惡死之狀況。

**當遷移宮有擎羊、巨門時**，表示你的環境中是非爭鬥多，一生不寧靜，你也容易小時被送養，做別人家的養子女。或家中爭鬥多，而你是被嫌惡的對象。從小你的人緣運氣不好，易惹是非災禍。當有『巨門化忌、擎羊』時，你身體會有傷殘現象，必須小心。有火星在命、遷二宮時，你容易因一時衝動氣憤、鬱悶而尋短見、自殺。或遇災身亡。火星

在遷移宮的三合宮位中也易惡死、要小心。

**當遷移宮有擎羊、天空或擎羊、地劫時**，表示你周圍的環境惡劣，常有是非爭鬥，並易突然停止而無聲無息，像死城一般，此時也貧困無財了。你的境遇常貧困，進不了財。你會思想糊塗、孤獨，與人不來往。也很容易無聲無息離開人間。

## 第三節　擎羊在福德宮對人的影響

**擎羊在福德宮時**，會刑剋人的福氣和德行。會使其人多煩惱、鬱悶，這是一種人性深層的鬱悶，很難拔除。你會多愁善感，多謀略，想得多，也會想一些不實際，不一定會發生的狀況。更會陰謀、深沈。有事藏心中不說出來，凡事放在心中打轉，心中多是非，你是有陀羅在命宮的人。因此會想一些有的、沒有的，全部糾纏在一起的事，心中常不痛快，常懷疑別人，疑神疑鬼，自私自利，不相信身邊熟識的人及家人，而寧可相信陌生人。還是自以為聰明，認為不熟的人，和自己沒有利害關係，較不會騙自己。但總是被陌生人騙，上外人的當。

有擎羊在福德宮時，是操勞不斷、勞心、勞力，有精神上之折磨，放不開，但做事又不積極，拖拖拉拉，慢吞吞，心急又做不好，給人有很笨又自作聰明的感覺。

**當擎羊居廟在福德宮時**，你有時又好像很乾脆，想要發奮或頑固強悍，愛做主，做事很堅持，讓人勸不動。但做事沒擔當，一遇事便自以為聰明的躲起來了，有狡滑、陰險的氣質，人緣也不會好，在很多事情上會遭人阻礙或嫌來嫌去。**當擎羊居陷在福德宮時**，你會操勞不斷，有懦弱怕事的特質，但會硬著頭皮承擔。你的命宮中的陀羅是居廟的，因

此你會像一塊硬鐵陀螺一般，承受一切的壓力而不懼辛苦，艱難。雖然你的智慧不高，心中也多是非。但也能慢吞吞的把事情處理好。做武職或簡單粗重、不複雜的工作會做得好，也一樣會有成就。

當福德宮有擎羊時，一生中有多次傷災、血光，也易有開刀現象，這是先天性的刑剋問題。你也會有承接祖上、父母的遺傳問題。在人生或身體健康上都有類似父母的問題重複出現，因此必需好好反省及檢查，就可即時改正躲避。

**當福德宮有『刑財』格局時**，表示你本命天生的財少，也表示財的源頭不豐。**但財星居廟或居旺時，擎羊再居廟**，表示命中的財仍多，但人生中有麻煩的事會因強悍、頑固的力量在刑剋財。你也會身體不佳，或頭腦不實際，愛空想，或想得太好，認不清現實狀況而耗財。你的本命就是耗財，使財減少的狀況。**財星居旺、居廟、擎羊居陷時**，表示財

仍多，但耗財更凶，會有小人或災禍使你生命中的財遭受損失。你被劫財的很嚴重，也要小心健康財的消耗多。**當財星居平、居陷、擎羊居廟時**，表示你天生財少，又好爭，但機會不多，你只是消耗自己生命的財而已。你會頑固、心窮又氣盛，不信邪，又頭腦不聰明，好爭又爭不到，是自己心理覺得自己聰明，但別人覺得你笨，你和周遭人的價值觀不同，也會自命清高，做一些損人不利己的事情。當財星與擎羊皆居陷時，表示你天生財窮，內心思想也窮，你會懦弱無能。仍心機多，但成不了大事，也會沒有工作能力，或專做一些吃力不討好之事。

**當福德宮的『刑財』格局中，財星是武曲、天府等星時**，你是天生吝嗇、小氣、自私的人。刑財也刑德。**當財星是太陰時**，你會是帶有自私和無情的人，翻臉像翻書一樣快。也是刑財又刑德的格局。

**當福德宮有『刑官』格局時**，表示你天生的智慧有問題，工作能力

不好，腦子不清楚，愛享福也享不到，你會搞一些是非或麻煩上身使自己忙碌，但也對自己無利益。你更會在做事的價值觀上和別人不同，該做的不做，不該做的猛做，亦常會讓別人罵笨。你更會不愛惜名譽、喜投機取巧，反而失敗，是偷雞不著蝕把米的人。你會自私、陰險，又佔不到便宜。

**當擎羊居廟時**，你會好爭又多計謀，但操勞不停，不一定有好結果。

**當擎羊居陷時**，你會懦弱、陰險，自欺欺人。也享不到福。

**當福德宮是紫微、擎羊時**，表示你會陰險但福祿少、人生的順利度也不太佳。亦會懦弱、沒有能力。聰明度差、易有被欺負及受羞辱的場面、狀況。你是愛享福，但不一定享得到的人。

**當福德宮是太陽、擎羊時**，表示你外表溫和、懦弱、內心陰險多計謀，並不是真正寬宏的人。你會在事業上多起伏成敗，也會做事的能力不高，用心用的不是地方。有時少根筋、有時多心機、人緣機運都不佳。尤其和男性不合、剋父、剋夫、剋子，和男性多爭鬥。會剋制你的也是男性。

**當福德宮是廉貞、擎羊時**，例如是『廉府羊』、『廉殺羊』。表示是智慧不高又多計謀、又全都不是好主意，常損人不利己。會使自己遭災更嚴重，有生命遭刑剋、惡死之狀況。也會天生多傷災、傷殘現象。多積福德、注意年運，能避禍。

**當福德宮是天梁、擎羊時的『刑官』格局**，這同時也是『刑蔭』格局，表示你會陰險、多謀，但總有不好的事情發生，上天都不庇佑你了。你在人生中多起伏、用腦太多反而對你不利。你也會不重名聲，會做一些傷害福德的事。更會自私、對人沒有愛心。還是要多讀書、多與

正派的人在一起，較會有平順幸福的人生。

**當福德宮有『刑運』格局時**，表示你天生的運氣不太好。你也會貪得無厭，好貪你貪不到的東西。你會自私、計較、多煩惱、多憂慮、人緣關係不好、機會不多，但好爭。你也會自作聰明、心機重重，但全都對你不利。你要不爭，才會爭得到，才會運氣好。你要笨一點，少表現聰明，才會有機會表現，人緣才會好，財運才會好。

**當福德宮有『刑印』格局時**，如『天相、擎羊』、『紫相羊』、『廉相羊』等，表示你天生懦弱、怕事、沒責任感、不能擔當，因此你一生不能有成就。你會躲在別人背後等待好運，但機會也不多。你會被別人管、投機取巧的享些沒出息的福氣也很安心。但真正好的福氣與利益是沒有你的份的。

**當福德宮有『刑福』格局時**，如『天同、擎羊』、『天相、擎羊』，

表示你天生有傷殘的問題會出現。或身體上有問題，不孕或頭腦有問題，要小心。你也會有懦弱，享不到福，是福不全的人，也會有精神上不健康的問題。會天生較笨，能力智慧都弱，要小心災禍發生。

## 當福德宮有擎羊和殺、耗、暗星同宮時

**當福德宮有擎羊和七殺同宮時**，表示你是既勞力，又勞心的人。你容易做粗賤的工作，如幫傭、打掃、職位不高的工作，一生勞苦，愛煩惱但智慧不高，也易想一些對自己沒有實質利益之事，更愛空想，一生沒福享，身體辛苦一些反而好，否則多傷災和開刀、車禍血光之事。容易有惡死、暴斃的問題。

**當福德宮有擎羊、破軍時**，代表一生的破耗多，易受傷災或小人侵害，你也會懦弱、怕事，也是福不全之人。你會勞碌終生，財來財去，

留存不住。也會煩惱多，心機深沈，常有不正當的想法，你更會做正事時不努力，做閒事時興趣濃，因此打拚奮鬥力不足，頭腦不清，忙碌操勞而沒有好結果，好成就。再忙碌也是一場空。

**當福德宮有擎羊和巨門同宮時**，表示你天生腦子裡就是非爭鬥多，腦子混亂，不清，心緒不寧靜。你也會多招是非，自己去惹是非，腦子中有許多假想敵，天天鬥爭不停，自找麻煩，其實你自己就是很笨的麻煩人。你是感情糾葛不清的人，也會錢財留不住，人緣機會有瑕疵，勞心、勞力，人生會成為一場空。你更會有感情傷痛、身體有傷災、病痛，以及精神有鬱悶或精神疾病。

**當福德宮有『擎羊和天空』或『擎羊和地劫』時**，表示你腦袋空空，頭腦不清，懦弱、好爭鬥，混亂，有時計較、自私、小氣，有時又大方，耗財，根本搞不清自己真正在想什麼？你會做人、做事都不實際，愛空想，能力不好，也無成就，學什麼都學不成。也沒有福享。多傷災或有精神疾病，有朝一日會暴斃身亡。

命理生活新智慧・叢書

新書預告

法雲居士著

在這個混沌的世界裡
人不如意有十之八九
衰運時，什麼事都會發生！
爲什麼賺不到錢？
爲什麼愛情不如意？
爲什麼發生車禍、傷災、血光？
爲什麼遇劫遭搶？
爲什麼有劫難？
爲什麼事事不如意？
要想改變命運重新塑造自己
『紫微改運術』幫你從困厄中
找出原由

這是一本幫助你思考，
並幫助你戰勝『惡運』的一本書

# 第四章　擎羊在『兄、疾、田』對人的影響

## 當擎羊在『兄、疾、田』的三合宮位時

當擎羊在『兄、疾、田』的三合宮位時，表面看起來已沒有在『命、財、官』和『夫、遷、福』等宮位嚴重了。但兄弟宮是一般平輩的助力。疾厄宮代表的是生命的財，田宅宮是財庫，代表儲蓄的力量和延續及保有的力量，及守成的力量，這些也是人生中像水池盛水一樣，倘若有擎羊入宮，則水池有了破洞，會漏水。水池就是代表盛有我們一

生中財的地方。耗財、漏財，人生的享用會少。人生命的資源會減少，這也是人生的漏洞，問題仍然很大。也會造成人之痛苦。

## 第一節　擎羊在兄弟宮對人的影響

### 當擎羊在兄弟宮形成『刑財』格局時

當擎羊在兄弟宮形成『刑財』格局時，表示兄弟間爭鬥很凶，不和睦。兄弟是因爭財產、爭利益而相互仇視不和。當財星居旺時，兄弟是有錢，但仍好爭之人。當財星陷落時，兄弟是因為窮而好爭的。當擎羊居廟時，兄弟自私、好爭、多智謀且凶悍、爭得到。當擎羊居陷時，兄弟有陰險、自私、懦弱的性格，也許用別的利益即可交換，但他仍是使你耗財最多的人，也可能是靠你生活的人。你的兄弟少，可能只有一人，但姐妹可多幾人。

## 當兄弟宮是『刑官』格局時

當兄弟宮是『刑官』格局時，表示兄弟好爭、自私、工作能力不好，但與你的爭鬥是具有非常政治的色彩的。他會與你在家中爭權奪利，或與你在家中爭取與父母之間的寵愛。兄弟感情差，兄弟少，彼此刑剋，也會不來往。

## 當兄弟宮是『刑運』格局時

當兄弟宮是『刑運』格局時，表示你的兄弟人緣不好、陰險，有怪異的聰明，與你彼此不和，相互拖累或因他的聰明給你帶來困擾及災禍。

# 羊陀火鈴

## 當兄弟宮是『刑蔭』格局時

當兄弟宮是『刑蔭』格局時，兄弟是自私、霸道、不講理，又愛管你的人，你們彼此不對盤，想劃清界線，又多糾葛。結婚以後各自成家會好一點。

## 當兄弟宮是『刑印』格局時

當兄弟宮是『刑印』格局時，兄弟是懦弱無能，靠你生活的人，他也可能是傷殘、弱智或能力不強的人，智慧不高，因此需要你的照顧。但他不一定領你的情，也會對你有怨恨，或你很討厭他，怕受他拖累，但無法躲避。

## 當兄弟宮有『刑福』格局時

當兄弟宮有『刑福』格局時，會有傷殘之兄弟姐妹。兄弟不多，至多一人。同時他也是拖累你，使你煩惱、傷腦筋的人。

## 當兄弟宮有擎羊和殺、耗、暗星同宮時

**當兄弟宮有擎羊、七殺同宮時**，會無兄弟，或有一凶暴專橫之兄弟，彼此感情惡劣，有相互殺害之危機。不來往則較平安。

**當兄弟宮有擎羊、破軍時**，表示無兄弟，或有一陰險、會剋害你，耗你的錢財，使你吃大虧的兄弟。他也可能是傷殘之人，或是品行不端之人。兄弟間關係非常差，爭鬥多，可能不來往。一來往，吃虧的人便是你。

**當兄弟宮有巨門、擎羊時**，表示兄弟間是非口舌多，爭鬥激烈，不

和。也容易相互牽引招災，兄弟會是陰險的人，常騙你，剋害你，使你破財，能傷害你的只有你的兄弟了。

**當兄弟宮有擎羊、火星時**，無兄弟，或有一人，是急躁、火爆之人。兄弟不和、常爭鬥，亦會不來往。

**當兄弟宮有擎羊、天空或擎羊、地劫時**，無兄弟或有不來往之兄弟一人。彼此不和，似有若無。

## 第二節　擎羊在疾厄宮所造成的影響

當擎羊在疾厄宮時，必定有破相、傷災、血光之事發生，也會有開刀現象，及心臟病、腦部、頭部病變，如高血壓、腦瘤等等。四肢也會有傷、脊椎骨易有傷或側彎。要小心肝病、大腸、肺部、腎臟的問題。這是刑剋生命的財，也會壽短，多病痛。頭面有傷者，可帶病延年。

## 當疾厄宮有『刑財』格局時

當疾厄宮有『刑財』格局時，是明顯的刑剋生命的資源，是刑剋健康財。因此傷殘、疼痛會較多，會影響工作能力，生殖能力，智慧不高，及影響發奮打拼的能力。因此也容易有傷殘現象。一生成就不高，也容易早夭、壽不長。

※當財星入疾厄宮時，已成無用、是閒宮。人命盤上之財星不多，又浪費掉一個，而且此顆財星又與刑星同宮刑財，直接刑剋生命中的財，是故此人定是無用之人。

## 當疾厄宮有『刑官』格局時

當疾厄宮有『刑官』格局時，也是刑剋生命的財。此人的腦部、頭部、中樞神經、脊椎、血液、腎臟、脾胃、心臟等重要部位會有病。也會有手足傷災。其人在精神上有耗弱現象或病症，中年以後多病痛而怠惰。故也無法有積極奮發的力量。易早夭、不長壽。

## 當疾厄宮有『刑運』格局時

當疾厄宮有『刑運』格局時，常因運氣不好生病或有傷災。多手足傷災或神經系統不良症。亦要小心肝病。當有開刀現象時，你的運氣會降到最低，你的聰明、活動力也會降低。平常你也不愛動，一動就容易有傷災，因此你的聰明才智也會受滯不高。

**當疾厄宮有『刑印』格局時**，同時也是『刑福』的格局，因此一生多病，而且愈看病愈多。也會受醫生誤診而病情嚴重或喪命。

**當疾厄宮有『刑福』格局時**，表示身體有傷殘現象，極容易洗腎，或開刀拿掉器官。一生受病痛折磨，為福不全，也會早夭。

**當疾厄宮有『刑蔭』格局時**，有腎病，糖尿病，脾胃之病，容易遇庸醫誤診，也容易有醫療糾紛，或醫生耽誤時間而喪命，要小心。這是沒有貴人之故。

## 當疾厄宮有擎羊和破軍、七殺、暗星同宮時

**當疾厄宮有擎羊、七殺時**，表示身體差，有大腸或肺部、頭部之病症。也要小心車禍、傷災喪命，會惡死或暴斃身亡。

**當疾厄宮有擎羊、破軍時**，表示身體是破破爛爛、百孔千瘡的，無法彌補起來的，一生多傷災，和有傷殘現象，亦會有多次開刀縫合現象。其人不怕痛，常做手術，亦容易因美容問題而動手術。一生在醫院待的時間多。也容易生怪病，醫不好。

**當疾厄宮有巨門、擎羊時**，表示身體上的麻煩多，會生怪病，不好

醫治。也會多傷災、傷殘現象。更會容易遭到醫療糾紛，不容易解決。易早夭，或遭災惡死，死後還多是非，無法解決。其人也容易內心鬱悶，再有火星同宮或在三合宮位上，要小心有自殺身亡或惡死之兆。

**當疾厄宮是擎羊、天空或擎羊、地劫時**，表示身體不好，易生癌症，有多次開刀，但生命仍早結束。

## 第三節　擎羊在田宅宮對人的影響

**當擎羊在田宅宮時**，表示你的財庫是破了洞的，會有漏財、耗財之憾，也會有房地產易賣掉、留不住。易住在三叉路口，或住處有尖型高塔或尖型煙囪、針狀、尖型建築物、電塔等在周圍的地方。表示風水對你有刑剋，你會住不舒服，且身體有病痛。最直接的就是生不出兒子

來，或子女有傷殘現象即是。你的家中多是非爭吵，爭鬥很凶，也會爭財產，爭奪家庭主控權的情況。家中的人彼此不合睦，相互刑剋憎恨，隨時有災禍和意外會發生。倘若是女性，會有子宮要開刀的問題。倘若是男性，家中有陰謀、械鬥，子孫要遭殃，永遠不會有安寧日子。而且家中窮困，錢愈來愈少，也常有天災人禍，以致人離子散，家破人亡。

**當田宅宮是『刑財』格局時**：表示家中爭鬥的問題是因財而起。也表示家中會愈來愈窮，更表示你的財庫漏洞，漏財很凶，無法彌補，家中人皆是小氣、自私、頭腦不清的人，會一直爭鬥到家破人亡的那一天。而且彼此毫無情份可言。

**當田宅宮是『刑官』格局時**，表示家中的爭鬥是因搶奪權力而起的問題。有時是向父母爭寵的狀況，有時是爭奪家中地位和家財的主控權。家中人會心態陰沈，暗鬥多，有時表面開朗合諧而暗中私鬥。但仍

# 羊陀火鈴

是財庫有漏洞，存不住錢，房地產會進進出出，無法保留。家中有耗財，不和睦的狀況，也會有傾倒的一天。

**當田宅宮是『刑運』格局時**，表示家中的爭鬥是由於家中人自以為聰明，和家運下滑而導致的。你和房地產無緣，家中會破敗或由他人經管，以致你無法繼承。你家中的人都冷淡，惡劣以對，你沒有家庭溫暖。一生中你也是孤獨的人，會無子女，或與子女疏遠。

**當田宅宮是『刑印』格局時**，表示家中是受欺負、可憐、窮困之家庭，沒有房地產，一生寄住別人家中，或房簷下，過寄人籬下之生活。

**當田宅宮是『刑蔭』格局時**，表示家中有長輩和當權者管你很凶，根本是在剋害你，對你無益。也並不見得會留房地產給你，即使留給你也是無價值、破爛的房地產，令你嗤之以鼻。家中爭鬥多，是父母與子女之間相互照顧的爭鬥。

**當田宅宮是『刑福』格局時**，表示家中福不全，不安寧，常有災禍發生，也會因遭災而家破人亡或分離兩地。你的財庫有破洞，無法享受財富，家中較窮，會有傷殘之人，或病痛之人拖累家計。

## 當田宅宮有擎羊和殺、耗、暗、劫等星同宮時

**當田宅宮有擎羊和七殺同宮時**，家中有爭鬥，相互砍殺、剋害之事，你可能會遁入空門、宗教，不想在家，逃離家庭。家中有暴虐之事，一生難安靜，會造成你一生的夢魘。

**當田宅宮有擎羊、破軍同宮時**，表示家中窮、爭鬥多，且家中有暴虐、品行惡劣的人使家破人亡。家中易遭災。你也易信宗教，遁入空門，或無以為家。一生不富裕，多耗財，會老年困苦，無積蓄。也會無子女、無依。

**當田宅宮有擎羊、巨門時**，表示家中多爭鬥、是非、災禍不斷，有些是因爭奪房地產的問題，有些是家中人的品行不端、彼此勾心鬥角，製造是非。你的房地產常消耗、留存不住。也會在買賣、租賃房子時多是非糾紛。財庫有破洞，或有是非存不住錢財。

**當田宅宮有『擎羊、天空』或『擎羊、地劫』時**，表示家中無人，六親無靠，或是家中人因爭鬥而各自西東。或是家中人因災禍而喪亡。你的財庫多耗弱，窮困，一生不富裕。

# 第五章　擎羊在『父、子、僕』時對人的影響

擎羊在『父母宮、子女宮、僕役宮』等三合宮位出現時，表示是在傳承上，和周邊的外圍的助力上對人有刑剋的力量。父母傳給自己的基因，或自己傳給子女的基因，會發生問題。在你人生外圍組織上也會有宵小、盜賊、不善的人在窺伺，有機可趁，便會危害你。

## 第一節　擎羊在父母宮對人的影響

當擎羊在父母宮時，父母與你有刑剋，父母會管你較嚴，或對你不好，感情不親密，你得不到好的照顧，也容易早離家，或與父母、祖上無緣。你也會身體弱。由於父母的傳承基因不好，而有家族歷史的病痛。一生中你與長輩、上司的關係惡劣。你不知如何和長輩、上司相處，升官不容易。因此人生的格局也不高。

**當父母宮是『刑財』格局時**，你的出生家庭窮，幼時困苦，家庭溫暖少，父母對你冷淡，照料不周，家庭教育也不好。未來你也和長輩、上司關係不好，也會找到財窮的老闆，影響你自己的人生家計。

**當父母宮是『刑官』格局時**，你出生的家庭中，父母的能力差，幼

時不好過，父母忙於賺錢，對你照料不周，家庭教育很差，未來你和長輩之間、上司之間關係不佳，有犯上之嫌，或遭上司、長輩厭棄、阻礙前程。你也會找到沒有能力、又愛管事的老闆，彼此衝突多，使你的工作不順，常失業或換工作。

**當父母宮是『刑運』格局時**，你出生的家庭變化大，家道中落，或遭逢大難，因此你的幼年艱辛。父母待你冷淡，無家庭溫暖，也會分離東西，少見面。未來你和長輩、上司之間也很冷淡，相剋，亦會找到運氣不好，有事業危機的老闆和工作。使你有失業和斷斷續續工作的問題，一生不富裕。

**當父母宮是『刑印』格局時**，表示父母懦弱無能，要靠你養，你從小窮困，勉強長大，父母雖對你溫和，但不會照顧你，始終是你的絆腳石，會成為你的負擔，你常想逃離這種負擔。因此未來你和長輩、上司

相處時，也會發現他們也是懦弱無用的人，你也根本學不到什麼東西，而一直想換工作，想找到有能力的老闆、上司，但一直找不到，也影響到你的人生境遇。

**當父母宮是『刑蔭』格局時**，表示父母對你管束多又嚴，很苛刻，但照顧你並不好。你得不到家庭溫暖和助益。未來你在與長輩、上司相處上也不順利。上司對你凶，霸道不講理，因此你常換工作，也會常做白工，沒有錢財或績效。

**當父母宮是『刑福』格局時**，表示父母可能是殘障之人，或心態不佳之人，對你不好，你得不到好的照顧與家庭溫暖。未來你和長輩、上司相處也冷淡，是非多，會表面溫和但有暗中較勁的問題。你的工作也會常更換、斷斷續續。

## 當父母宮是擎羊和殺、耗、暗、劫之星同宮時

**當父母宮是擎羊、七殺時**，和父母無緣，父母早亡，或你自小離開父母，過繼他人。你和父母有刑剋，繼父母也對你不好，你會獨自一人長大，幼年艱辛。未來你也不會和長輩、上司相處，你會自己當老闆，或根本不出去工作，只做自己的獨門工作或個人工作室。

**當父母宮是擎羊、破軍時**，和父母無緣，父母早亡，或自小離家，有過繼或遭遺棄之命運。幼年艱辛。未來也無法和長輩、上司相處，你會孤獨、保守、賺錢不多，但做個人事業，不想為別人工作。

**當父母宮是擎羊、巨門時**，和父母無緣，是非多，也易幼年遭遺棄或送人養，幼年艱辛，沒有家庭溫暖。未來與長輩、上司都多糾紛，是非爭執，只能自己開業，否則財不豐。

**當父母宮是『擎羊、天空』或『擎羊、地劫』時**，與父母無緣、無

父母、或父母早亡，幼年困苦，無家庭溫暖。未來與長輩、上司關係差，多糾紛或失業，宜自行開業，否則財不豐。

## 第二節　擎羊在子女宮對人的影響

擎羊在子女宮時，生子不多，最多一人，或無子女。你和子女有刑剋，會有讓你頭痛之子女。你對子女不關心，覺得很麻煩。你在才華上也會有無法發展、顯露，無法出人頭地之困擾。你也會才華不好。做事能力不佳，成就不高。

**當子女宮有『刑財』格局時**，表示你的才華少，賺錢的能力差，你和子女的關係差，你也會不生子女，你會天性小氣、吝嗇，怕別人來花你的錢，是心窮、才窮的人。因此一生也會無大發展。你亦會生下耗財之子女，與你感情不親密，他會早離家發展。未來他也是刑剋你的財的人，對你無益。

**當子女宮是『刑官』格局時**，表示你的才華少，做事的能力差，未來你的子女工作能力也差。你會在爭權奪利上有無力感，未來你的子女在權力爭鬥中很愛爭，但也未必爭得過。你與子女關係不佳，子女不服管教。

**當子女宮是『刑運』格局時**，表示你在才華展現上機運不佳，也會聰明的不是地方。該聰明時有些笨或糊塗，不該聰明時自做聰明。也會人緣不好。你與子女的關係很差，冷漠或變化多端、是非很多、相互剋害，你老的時候也別想有人為你養老了。

**當子女宮是『刑印』格局時**，表示你在才華上很缺乏或很無用，能力差。你的子女也會是懦弱無用之人，會靠你養活。你會賺錢少、工作辛苦，一生財不多。

**當子女宮是『刑蔭』格局時**，表示你在才華上受到限制，會沒沒無名，或升官運不好。也會做名聲受到打壓，或有被別人潛越名聲之事。你與子女的關係不佳，對子女照顧不良，也可能無子，本身身體不佳。你的子女也會是個表面溫和，內在多陰險之人。你會對子女有不當的管教，他也不服管教，有刑剋、不和。

**當子女宮是『刑福』格局時**，表示你的子女中有傷殘之人。你會子女少或無子女。在你的才華上會有一些無用的才華，或才華少，能力不強。你的子女會外表溫和，內心奸詐，也會靠你生活、性格懦弱。

## 當子女宮有擎羊和殺、耗、暗劫等星同宮時

**當子女宮有擎羊和七殺同宮時**，表示子女少，或無子女，有子女一

人，也是身體差、帶傷災、傷殘之人，性格暴虐，難教養。同時也表示在你的才華上有一些奇怪的，無用的才華，因此也會影響你的一生，財會少。

**當子女宮有擎羊、破軍時**，表示無子女或有一人，是身體帶傷殘，或性格暴虐之人，難教養，也會使你破耗花費大。同時在你的才華上有一些怪異、不合常理的才華，也是對賺錢無用的才華，對財有耗財現象的才華。你的身體不佳，性能力不好。

**當子女宮有擎羊、巨門時**，表示生子不易，會無子，而且好不容易生一子，也會有身體上的病痛、殘缺和麻煩。你的才華是扭曲、多是非、怪異、不合於現實環境合用的才華，因此會賺錢少。

**當子女宮有『擎羊、天空』或『擎羊、地劫』時**，表示你沒有生育能力或不想生育。你也會因為想法上有偏執象而不實際，沒有才華或你

的才華對你的人生無用，無法幫助你過好的日子。你更可能腦袋空空、中年以後貧窮、淒苦。

## 第三節　擎羊在僕役宮對人的影響

**擎羊在僕役宮時**，是在其人的人生助益，輔助的力量上面遭受到刑剋。也會在平輩關係上面，處處顯出危機四伏的狀況。有此種現象時，要小心被綁架、挾持，遭控制。也要小心被直接剋害生命的財（指壽命和健康），要小心被殺害或被耗去錢財，你會較孤獨、朋友少、不想與人來往。你會對人冷淡，人緣關係不好。對於人際關係的事情都沒興趣。也會在事業上保守、沒發展、安心於簡樸的生活，害怕別人來找你的麻煩。人生中的機會和機緣會減少大半，因此也會影響人生格局的大小規格。

**當擎羊居廟時**，表示你和你的朋友、部屬都是態度強硬、頑固，彼此互爭不相讓，要爭到最後一刻來分高下的人。你有時會爭贏、有時會輸，但人緣機會不好，私下裡你仍是最後輸家，便宜佔的不多。仍是耗財、有損失的。

**當擎羊居陷時**，表示你和你的朋友、部屬都是心態上有陰險、懦弱的特質，也好爭，但發現不利於自己利益時，便會抽腿、退縮，或不講義氣。你是用私下裡陰沈的方式在處理人際關係，遇到凶悍的人就軟弱，遇到軟弱的人就強勢硬逼。你的朋友也是欺弱怕強之輩。你受剋害的狀況更深。小心流年不好會喪命。

**當僕役宮是『刑財』格局時**，例如僕役宮有擎羊和武曲、天府、太陰、化祿同宮時，表示你的朋友都會耗你的財。你和朋友相處的模式不

好，常有陰險、利益藏在其中，爾虞我詐。你們之間，一會兒你較凶佔上風，一會兒朋友較強勢佔上風，彼此勾心鬥角，全是為了利益或錢財。因此你自己也會是個自私、自利的人，仍會有上當吃虧的問題存在，常令你生氣。朋友也會讓你耗財多，或侵害你的賺錢機會。你和朋友之間常錢財不清楚。

**當僕役宮是武曲、擎羊時**，你的朋友是強勢、頑固、剛硬的人，他們會在錢財和政治問題上自己不順和刑剋你。他們是自己財少（比你少）、又耗你的財、使你賺錢不多的人。他們也會在人際關係（政治問題）上來刑剋你。他們自己本身更是人際關係不好，財運有問題的人。朋友、部屬也常是使你在錢財上吃虧的人。你會孤獨、不想和人多來往。你和朋友之間的錢財常不清楚。

**當僕役宮是『武貪羊』時**，武曲、貪狼、擎羊皆居廟，表示朋友、部屬是經濟能力中等，但會刑你的財，又刑你的運的人。他們對你冷淡、冷漠、又常用氣燄冷淡來壓制你，強勢的要佔你的便宜。你們在錢財上常有糾葛不清的問題，而你總是吃虧，也人緣不好。有武曲化忌或貪狼化忌時，小心流年不佳，會被朋友害或遭災禍，也易喪命，你也會因貪『朋友外表是富裕、運好』而攀附於他們而遭災。

**當僕役宮是『武殺羊』時**，武曲居平、七殺居旺、擎羊居陷。表示你的朋友、部屬皆是又窮又凶的人。他們無時無刻不在爭財，又會用假意示好的方式來接近你，佔到你的便宜之後立即翻臉無情。你的朋友、部屬全是來劫你的財的人。因此你會與人保持距離，交情冷淡、不想太接近。你也要小心流年不佳時會遭災損失，以及被侵害、喪命。這是『因財被劫』的格式，因此要小心因錢財問題被殺害。

**當僕役宮是『天府、擎羊』的刑財格局時**，你的朋友是陰險、小

氣、會破壞、刑剋你的財庫的人。因此他們會向你借錢、耗你的財、使你賺不到錢，就會影響你很大，使你的財庫直接受到傷害。會讓你要存很久都存不起來那筆財富。你也會人緣不佳，財庫有破洞，一生較不富裕。

**當僕役宮是『太陰、擎羊』的『刑財』格局時**，你的朋友、部屬是陰險、小氣的薪水族人員，脾氣常陰暗不定，也不富裕，人緣也不佳，感情也不順，同時他們也是運氣不好的人。倘若太陰又陷落時，上述的狀況更嚴重。你周遭都是窮朋友，又時常想剋害你。你會因朋友而耗財或被劫財，你也會對人冷淡，而不想和人來往，保守自閉。但偶而交一、兩個朋友就被害到了。你也容易無法接近異性而晚婚、不婚。

**當僕役宮是『刑官』格局時**，例如僕役宮有擎羊和紫微、太陽、廉貞、天梁同宮時，表示你的朋友、部屬是在事業上刑剋你。也會在相處

時的氣勢上壓制你，更會在工作或接觸溝通時，與你意見不一，價值觀和處事的方法都和你不一樣，也會處處與你作對，無法和你好好相處。因此你的人緣不佳，你很難替自己辯白，常吃虧。

**當擎羊居廟時**，朋友和部屬和你之間的關係是強勢、強硬、硬梆梆的對立著，互不相讓。你是自有主見的和他們相抗衡，但有利益問題糾葛時，你會因事情的利害關係衡量再作讓步的決定。

**當擎羊居陷時**，朋友和部屬和你之間常玩陰的。彼此在很多問題上互爭，但會懦弱、退讓和放棄。你會用討好、諂媚的方式和他們相處。

**當僕役宮是『紫微、擎羊』時**，你的朋友是高貴、陰險的人，他們會高高在上，自命高尚的指使你做事，但不見得給你好處。**若是『太陽、擎羊』時**，你的朋友是表面寬宏、大公無私，但內心險詐的人。尤其在工作和事業上會對你剋害，沒幫助。你尤其和男性不合，有敵對現

# 羊陀火鈴

象而無法改善。你也討厭男性。**若是『廉府羊』**、**『廉殺羊』時**，表示朋友對你無益，他們是又陰險、又笨，用笨的方法來刑剋你的財或你的生命資源。『廉殺羊』很嚴重，會害死你，或殺害你。**若是『天梁、擎羊』時**，表示你的朋友或屬下會表面上幫助你，實際是另有圖謀，或是內心根本不真心幫助你，而造成你的損失、傷害。同時這也是『刑蔭』格局。

**當僕役宮是『刑運』格局時**，例如擎羊和天機或貪狼同宮時。表示你的朋友或部屬是陰險、聰明度不高，又自作聰明，且運氣不佳之人。他們傷害你的就是刑剋你的運氣，和使你更不聰明。你也會不喜和人來往、保守、有孤獨狀況。因此你也會耗財多或賺錢機會減少。

**當僕役宮是『刑印』格局時**，表示你的朋友和部屬皆是無用之人，又很懦弱怕事，對你毫無幫助。**有『廉相羊』時**，你和朋友常有官非、

訴訟，朋友會陰險的欺負你，而其他的朋友會作壁上觀，不出手幫忙。你也容易遭朋友、部屬（熟識的人）所侵害或傷害性命，要小心。

**當僕役宮是『刑福』格局時**，表示你的朋友和部屬中常有殘障的人，或精神不正常的人，朋友有時外表溫和但內心險詐。他們對你毫無助益、少來往較好。

## 當僕役宮有擎羊和殺、耗、暗、劫等星同宮時

**當僕役宮有擎羊和七殺同宮時**，朋友運差，朋友是又笨、又凶、又頑固、又陰險，強勢要剋害你的人，會劫你的財，也要小心遭朋友的殺害。

**當僕役宮是『擎羊、破軍』同宮時**，朋友運差，朋友是品行不端、又陰險之輩，要小心朋友侵害與殺害你。他們會使你破財已經是最輕的

剋害了。你會性格保守孤獨。

**當僕役宮是『擎羊、巨門』同宮時**，朋友運差，你和朋友之間多是非爭鬥，無論如何你都爭不贏，且多官司糾紛，永無停息。流年不利要小心遭災喪命之憂。

**當僕役宮是『擎羊、天空』或『擎羊、地劫』時**，你少和朋友來往，很孤獨。一來往就有是非、糾紛。常常是非糾紛稍停息，你也就耗財被劫財，損失了一大筆錢或大利益，使你心痛不已了。你的朋友少，偶而交一個，便會交到腦袋不清，想來剋害你的人。或是你自己頭腦不清，常對朋友有妄想，看不清事實差距，而遭朋友剋害、離棄。

# 第六章　陀羅的善惡吉凶

## 第一節　陀羅的善與惡

陀羅屬於忌星，是暗箭，主是非，也主刑剋、凶厄。

在命理上的解釋：陀羅就是一塊、一綻硬塊的鐵塊。它也有像陀螺一般會原地打轉的特性。內心的是非波折多，有精神上的自我折磨。

陀羅單星入命宮的人，定有六親刑傷。其人會想得多，是非糾葛放在心中不說出來，或心中多疑，做事慢吞吞，反應慢，給人有愚笨的感覺。凡事頑固、不易改變，不相信別人，就是錯也要錯到底。容易推

# 羊陀火鈴

諉、諉過於人，自己不承認錯誤和失敗。容易相信剛認識的人，反而不相信自己熟悉的人或親人。因此容易被外人欺騙遭災。

陀羅入命、福的人，最好要離開出生之地發展，否則易遭災喪亡惡死和無法開展。

**陀羅星也要看廟旺、陷落來定吉凶的層次。陀羅在辰、戌、丑、未宮居廟時**，有強悍的力量，雖性格頑固，但坐於墓宮，多少會限制一些是非嫌忌的惡質。而且居廟的陀羅，從武職和做重複、固定、一成不變的工作是很好的。他不喜歡變動、變化，也不喜歡增加工作，陀羅居廟時倒不怕粗重、雜亂的工作，也不會計較喜歡文雅、清高之事了。反而是低下、雜亂、髒亂、破碎、復健型和血光有關的工作也都能做。這些也都成為他的優點。

**陀羅居陷時**，是非糾紛更複雜，拖拖拉拉更厲害，疑神疑鬼也更嚴

重。因為隨時都在懷疑別人對自己不利，使自己會享受得少，享受不到好處，是故更懶、更笨，也更得不到別人的尊敬。更會被人嫌東嫌西的厭惡。也更增加了其人在精神上的嚴重負擔，與不開朗。所以陀羅居陷時，是沒有吉善的特質，而凶惡的特質是較多的。這都是由於其本身思想上所造成之狀況。

**陀羅會造成人之傷災**，它和擎羊一樣，多半是意外災害。陀羅的傷災型態和它的本質像一塊鐵一般，會是鈍傷、挫傷，傷口深度不深但面積大。擎羊的傷口很深，深及見骨。且多撕裂傷，會是尖銳物品所傷。而陀羅所造成之傷口，是平面性的，爛糟糟的。

**陀羅的傷災容易出現在頭面**（靠右半身的頭面）。牙齒、牙齦受傷流血、齲齒壞牙，手足傷骨折、肋骨骨折，容易出現在身體的右半身和右手右腳。也容易有精神上之躁鬱症，吸食毒品所造成之頭腦遲鈍，或是腦震盪傷及腦部。它和擎羊不同。擎羊是腦部病變、心臟病變，腦震盪的傷害、脊椎骨的傷災、側彎，以及左手、左腳骨折，肝臟及眼目、腎臟的問題刑剋。在頭臉的傷災也多半在左半邊的頭部和臉部。亦要小心左半邊臉部及身體上有神經系統不良症。

## 陀羅在六親宮

陀羅在六親宮出現，都是刑剋。**陀羅居廟時**，表示六親是頑固、凶悍，性格較悶，不會溝通，一味的用自己強硬、頑固，有些笨的方法要別人服從，但效果不佳，但不一定不來往。**陀羅居陷時**，表示親屬的智商低，又有較邪惡、自私自利的想法，性格陰險、鬱悶，悄悄的窺伺你，伺機而動來剋害你，侵擾你。同時也表示該親屬的智慧和能力、地位比你低，你是瞧不起他的，故不太願意和他來往。當**陀羅在兄弟宮**

**時**，你會對兄弟姊妹有上述這樣的看法。當陀羅在夫妻宮時，你會對配偶有上述的看法。當陀羅在子女宮時，你會對子女有上述這些看法。當陀羅在父母宮或僕役宮時，你就會對父母或朋友、部屬有這些看法。因此當陀羅在六親宮出現時，你和六親的刑剋，也完全是由你的心態所造成的。

## 陀羅在事宮

陀羅在事宮出現，也會有減分和拖延的意義。**例如陀羅在遷移宮出現**，表示你外在的環境就是悶悶、笨笨的，像一塊鐵一樣，很固執、保守、變化不大，也不容別人來改變的。常是自我打轉、轉不出去的。你周圍的人也會像你一樣，有些笨笨的、不開竅、悶聲不吭，內心有許多波折、是非，不願意說出來的。**陀羅居廟時**，做固定的工作、內容簡

單、雜亂、不必負大責任、職位不高，你還可做得蠻久的。**當陀羅陷落時**，沒有固定工作、環境不好、常是無業遊民、漂泊不定，和髒亂、低下層次的人為伍。

**陀羅在官祿宮，居廟時**，做武職不錯，也可能會有高位。作文職則做不長久，或職位低下。**陀羅居陷時**，表示智慧不高，工作能力不強，會斷斷續續，或沒工作，常為無業遊民。偶有工作，也是低下、職位不高的。

**陀羅在財帛宮，居廟時**。錢財常拖拖拉拉，進得慢，會賺辛苦又不聰明的財。手邊錢財常不順，且耗財多，不會理財。也容易遭騙而失財，或是被人劫財。更容易丟錢，對錢財頭腦不清。**居陷時**，錢財不但拖拖拉拉進不來，且常無疾而終。原本該賺進的錢財，突然沒有了。會賺辛苦又不聰明，或根本是異想天開、不可能會得到之財。手邊錢財常

虛空、拮据，且花錢凶，耗財多又大，理財能力非常差。遭騙、劫財、丟錢是常有之事。其人不但對錢財頭腦不清，還常懷有奇想，不實際，因此是更難改善財務狀況。

**陀羅在田宅宮時**，田宅宮是財庫，**陀羅居廟時**，表示家中人會因頑固、不肯溝通，而讓你的房地產減少或耗財、留不住。你的財庫像被磨平、磨破了一個洞，故你也存不住錢財。**當陀羅居陷時**，表示你的家人中有笨又惡質的人，讓你的房地產失去及耗財。你的財庫被磨了一個又大又深的洞，故你的錢財存不住，且流失很快，也根本無法彌補。

# 第二節　陀羅所形成的格局

## 1.『刑財』格局

凡是陀羅和武曲、天府、太陰、化祿等財星同宮時，就是『刑財』格局。

※有人把天馬也當財星。但天馬只主奔波，一定要和財星同宮，才會帶財，否則只有奔波忙碌、跑來跑去，有時是白忙一場，不一定有財的。例如和陀羅同宮為『跛足馬』，無財還更有傷災，實為不吉。

**當陀羅居廟，在辰、戌、丑、未宮時，財星也居廟的話，**刑財的力量還不大，其人會賺頑固、工作內容簡單，不太花腦筋的財。自然這是本身固執所造成對自己財上面的刑剋了，也是有些財他不會去賺的原因。

**當財星居陷，陀羅居廟時**，是本身財少，又固執，頭腦簡單，沒辦法看到財，理財能力不佳，耗材也會嚴重。

**當財星和陀羅同時居陷時**，是本身的財與智慧、能力皆貧乏的狀況下，沒有財，又只會耗財，自然窮困、無助了。

當財星居旺、陀羅居陷時，是本身有財，但耗財和劫財多，留存的就會少了。行運就很重要了，運好時有錢，運差時沒錢。

## 『武曲、陀羅』的刑財格局

陀羅在辰、戌、丑、未宮出現，和『武貪格』中的武曲、貪狼或武

貪同宮或相照時，會使暴發運、偏財運略為有拖延之勢，但仍然會發。有時也會發得小。例如武曲、陀羅同宮，而對宮有貪狼，則在『武曲、陀羅』之年會發得小、或拖延較久，或不發。這是因為『刑財』的關係。而行運在貪狼之年則會由暴發運而得到錢財，暴發偏財運的力量較大。

**有武曲、火星、陀羅在辰宮**，對宮有貪狼化祿相照的暴發運在辰年是有些奇怪的。這種格局本是雙暴發運格，包括了『武貪格』和『火貪格』。但是武曲受火星和陀羅的撞擊刑剋和拖拉，因此會暴發一種怪異的錢財，且錢財數目不會很大。而在戌年走『貪狼化祿』之年，反而暴發的錢財較多。

**倘若是武曲、火星、陀羅在戌宮**，貪狼化祿在辰宮時，戌年所暴發的錢財會更少。而辰年所暴發的錢財則較多。

**倘若是武曲化忌、陀羅在辰、戌宮的『武貪格』是不會暴發的**。因有化忌、陀羅的雙重刑剋所致。而貪狼之年有好運，財會多一些，但也不算暴發運。

在寅、申、巳、亥居陷的陀羅若遇『火貪格』、『鈴貪格』，也會對暴發運有拖延之勢。這要看火星和貪狼星的旺度如何而定會不會暴發？以及暴發力有多大?錢財有多少？

**『火貪陀』、『鈴貪陀』在寅宮時**，有暴發慢、拖延之跡象，因火星居廟、貪狼居平，仍會暴發，全靠火星、鈴星的力量。意外之財還不少，算是中等的暴發運。但快來快去，耗財快。此種格局，因對宮有廉貞相照，因此這個『火貪格』或『鈴貪格』中，又夾雜著『廉貪陀』、『風流彩杖格』，因此這種暴發運和色情、男女關係脫不了關係，而且耗財也耗在這方面，佔不了太多的便宜。

**『火貪陀』、『鈴貪陀』在巳宮出現時**，因和廉貞同宮，廉貪陀三星俱陷落，火星、鈴星居得地合格之位，故是靠火星、鈴星的力量來暴發的。仍會暴發，但也和色情問題、男女關係方面的問題有關，耗財也凶，暴發也不大，得到錢財不算多，只能算是使人快樂的好運而已。

『火貪陀』、『鈴貪陀』在申宮、亥宮時，火、鈴、陀都是居陷的，貪狼在申宮居平、在亥宮居陷，也都和『廉貪陀、風流彩杖格』有關，故暴發運也和男女關係脫不了關係，暴發運也小，得到的錢財也小。

武曲和陀羅同宮的『刑財』，是頑固，錢財和頭腦轉不開，以致於錢進不來或流通不順暢所刑的財。

**武破、陀羅同宮時**，是本身財窮，與財沒緣分，自己能力不佳，腦子有怪思想，只想耗財，不會賺錢。破耗多過自己所擁有的財，因此所刑的財。

**武相、陀羅同宮時**，是武曲居得地之位，天相居廟，陀羅居陷，是本身有一些還不錯的財，生活舒適，但想偷懶，又笨又想取巧，取不著而刑的財。但仍有普通小市民的生活。

『**天府、陀羅**』**在丑、未宮同宮時**，天府居廟、陀羅也居廟。天府是財庫星，這是財庫遇到頑固之徒，計算不清楚，所刑之財。但仍會留一些財。

**紫府、陀羅在寅、申宮時**，是大財庫讓笨人用笨方法管理而刑的財，是故會耗一些財或被劫一些財，但仍有財。

**廉府、陀羅在辰、戌宮時**，是中、小型的財庫，被頑固、強悍的人管理，流通不好，所造成的刑財。

太陰和陀羅同宮時，**在戌宮**，太陰、陀羅皆居旺位，是因為頑固、笨、所造成的儲存不佳所刑的財。**在亥宮**是太陰居廟、陀羅居陷，是本

身儲存財多，但劫財、耗財多，有小人來劫財、耗財，本身無法抵擋所刑之財。**在辰宮**，太陰居陷，陀羅居廟，表示是本身財少，但又頑固不通，不會理財，所造成之刑財。**在巳宮**，是太陰、陀羅皆陷落，本身無財，又耗財、劫財多，能力不足，常在窮困邊緣，無法自拔的刑財。

**化祿逢陀羅，也是『祿逢沖破』**。化祿逢主星是財星又居旺、居廟時，財會多，再遇陀羅居廟，只是錢財流通的方式不好而已，會少進財或慢進財，略有耗財，問題還不大。若遇陷落的陀羅，則會耗財、劫財較多，也就刑財略為嚴重了。

倘若化祿的主星不是財星，而是官星或運星，表示是以事業或運氣而稍微帶財，財會不太多、也不太大。再遇陀羅，會傷害官星和運星，自然得財也少了，也就是『刑財』了。

## 2. 陀羅的『刑官』格局

陀羅和官星廉貞、天梁、太陽、紫微同宮就是『刑官』格局。

**廉貞、陀羅同宮在寅、申宮時：**廉貞居廟、陀羅居陷，表示其人的腦子笨，企劃能力不佳，智慧不足，又容易往負面方向去思考，常對自己不利，因此在做事業抉擇時，會刑剋事業，造成『刑官』的格局。

**『廉府陀』的『刑官』格局：**在廉貞、天府、陀羅同宮的格局中，廉貞是官星居平，而天府是財星，居廟。陀羅是刑星，居廟，所以是刑官又刑財的格局。

廉貞居平時，智慧不高，再受刑剋，問題就很大了。天府財星居廟，亦受到居廟的陀羅來刑剋。這是由於內心固執、頭腦不聰明，使財的流通不好，自己又有古怪、強硬的想法，不想改變，所形成的刑剋。自然是在事業上的發展不大，而且因為有財星的關係，其人也不會去從

# 羊陀火鈴

武職。因此財會起伏不定，就會拖延不順了。

**『廉殺陀』的刑官格局**：在廉貞、七殺、陀羅同宮的格局中，廉貞是官星，居平，智慧不高。七殺居廟，是辛苦打拚的殺星。陀羅居廟。因此在這個格局中，是因本身聰明才智較魯鈍，只會埋頭苦幹，又頑固、弄不清方向，常會白做，或做些沒有用的事而刑剋事業運。造成『刑官』狀況。其人容易做粗工，也容易失業。

**『天梁、陀羅』的刑官格局：在丑、未宮**，是天梁居旺、陀羅居廟。是由於頭腦頑固，不接受別人意見，或找到笨又頑固的貴人，根本幫不上自己的忙，而『刑官』的。其人在工作上容易斷斷續續的。

**『天梁、陀羅』在巳、亥宮的刑官格局**：是天梁居陷、陀羅也居陷。這是由於本身智慧不高，又懶惰、愛玩，愛奔波飄蕩，根本沒有貴人，自己能力又不好，所造成的『刑官』狀況。此人會不工作，或常失

業。

**『機梁、陀羅』在辰、戌宮的刑官格局**：是天機居平、天梁居廟、陀羅也居廟。這是由於頑固、強悍、想得多，但智慧不高，想的方法有些扭曲，又自以為是，還強制別人要聽自己的話，頭腦不清，也無人肯幫他的忙的刑官格局。其人在工作上會做粗重工作，或用腦不多的工作。

**『同梁、陀羅』在寅、申宮的『刑官』格局**：**在寅宮**，天同居平，天梁居廟，陀羅居陷，表示貴人運很強，但愚笨、操勞，做事不得其法。所以在工作上會做做停停。**在申宮**，天同居旺，天梁居陷，陀羅居陷，表示其人是又笨又懶，只想享福，根本不想做事，也沒有人想幫助他。這是根本不想工作，閒置在家、沒有能力、常做無業遊民的刑官格局。

# 羊陀火鈴

## 太陽、陀羅的『刑官』格局

**在辰宮**，太陽居旺，陀羅居廟。這是一種性格陽剛、強悍、固執、頭腦不開竅，做武職或用大腦不多的工作能勝任。做需用聰明才智或文職工作，則易失敗或做不長的刑官格局。主要因為反應慢、頭腦不靈活，又粗枝大葉，性格悶又凶悍，自己笨，又怕被別人說笨之故。

**在戌宮**，太陽居陷、陀羅居廟。這是性格陽剛、固執、事業運很差，偶而有工作，但工作時期不長。這是自以為聰明，但又自以為運氣不好，努力打拚也沒用，而自我放棄，也不聽別人勸的一種『刑官』狀況。

**在巳宮**，太陽居旺、陀羅居陷。這是性格有時開朗，有時內向，但心中總是糾纏著是非，與人不肯合作，性情反覆，做事進退、多疑又笨，無法認真完成工作，因此工作成績是時好時壞的。這也是『刑官』

的狀況。

**在亥宮**，太陽、陀羅都居陷。表示其人性格沈悶、陰險、運氣不好，人又笨，智慧不高，又常要做一些陰險黑暗之事，正事做不長，常在失業的狀況。做非法的事又容易被抓，受法律制裁，因此常遊手好閒，沒有工作。

**『日月、陀羅』在丑、未宮的『刑官』格局。在丑宮**，太陽居陷、太陰居廟、陀羅居廟，本來就是事業運不旺，又遭刑官。此格局是刑官又刑財。此人會工作斷斷續續，常無工作，偶而做一點，便有一點小財進。但大多數時間是沒工作的，靠別人養活的。**在未宮**，太陽居得地之位，太陰居陷、陀羅居廟。其人在工作上較頑固、不開竅、自以為是，會做賺錢不多的工作。也會工作能力受到別人的質疑。例如用自以為好的方法做事，但為老闆不高興或客戶不喜歡，而遭到辭退、失業。工作

# 羊陀火鈴

是斷斷續續，不長久的『刑官』狀況。

**『陽巨、陀羅』在寅、申宮的『刑官』格局：在寅宮**，太陽居旺、巨門居廟、陀羅居陷，表示其人頭腦有怪異聰明、是非多，是自作聰明，別人看起來覺得他很笨。喜歡偷懶、工作成績不算好，但仍會工作。**在申宮**，太陽居得地之位，巨門居廟、陀羅居陷，這也是自作聰明，是非多，別人覺得他笨，但他自己卻以為在投機取巧的享福。其人的工作能力不強，心態懶，喜用是非糾紛來遮掩自己的愚笨、懶惰，偶有工作，多半時間不長。

**紫府、陀羅的『刑官』格局**：這是『刑官』又『刑財』的格局。因為陷落的陀羅對紫微的影響，不算很大，通常只是影響其人的想法較笨，或是常有小疏失，有想不到的地方，但紫微會使其平順。在此格局中陀羅對天府財庫星的影響較大，會影響到進財較少，拖拖拉拉。也會

使儲存積蓄能力減弱，使財庫磨出破洞，存不住錢。因此仍會工作，但成就會打折扣。工作也會有起伏，但仍會平順過來。

**紫相、陀羅的『刑官』格局**：這是『刑官』又『刑印』、又『刑福』的格局。因為紫微、天相皆在得地之位，陀羅又居廟，又同坐於墓宮，很明顯的，其人就會頑固、性子慢，內在思想糾結在一起，彷彿城府深，但又表現出慢吞吞的笨像出來。其人的腦子頑固，自以為是，做事不聰明，蠻幹，容易被人嫌。因為紫微只在得地之位，陀羅的力量較強勢，故在工作上不聰明，但仍會有工作，只是體面、用腦不多、蠻幹的工作，生活仍可平順。

**紫殺、陀羅的『刑官』格局**：這是外表氣派，但特別愚笨、蠻幹力又強、自以為是的性格強，也不相信比他能力強的人。自己覺得自己好，別人根本無法影響他，只好隨他去。此格局最好從事軍警、武職較佳。做文職會斷斷續續不長久。

## 羊陀火鈴

### 3. 陀羅的『刑運』格局

陀羅最大、最嚴重的刑運格局，就是『廉貪陀』、『風流彩杖』格的格局。

#### 『廉貪陀』的刑運格局：

『廉貪陀』的形式很多，在巳、亥宮時，有廉貞、貪狼、陀羅三星同宮俱陷落的形式。也有廉貪同宮，對宮有陀羅相照的形式。在寅、申出現時，有廉貞、陀羅同宮，而貪狼在對宮相照的。亦有貪狼、陀羅同宮，而廉貞在對宮相照的形式。

凡是在命盤中具有這種格局的人，行運時又在流年、流月逢到此格

局上，就會有桃花糾紛，或因桃花遭災。這是因桃花而『刑運』的格局。其結果總是損失名譽，損失金錢，或失業、家毀，甚至人亡，運氣極差。但其人在該運程中，仍會飛蛾撲火，浸沈其中。有時是自找的，有時是別人找上他，一時糊塗，想佔便宜而吃大虧。也有些女性是運氣不好，在時間的切合點上，碰上色狼的侵害。狀況逐一不同，但都跟桃花、邪淫有關。

**當『廉貪陀』入命時**，其人本身就是好淫、又笨、常喜佔便宜，為了淫事，奮不顧身的人。其人的言行舉止多下流，惹人討厭、人緣不好，但死皮賴臉，長相醜，又愛作怪，自作聰明，為情色之事做下笨事，害人害己。

廉貞是桃花星，是官星，代表智慧、企劃能力、智謀。貪狼也是桃花星，代表人緣、運氣、機會，是運星。陀羅是忌星，代表是非、災

厄。因此這三星相遇，問題就很清楚了，鐵定有色情方面的災厄。也會影響工作，運氣、財運、和受人唾棄的德行。結果總是不好的。

在『廉貪陀』格局的人，並不一定會喪命，只是運氣不好，會遭災。也可能是一輩子都無法忘懷的災害。

但『廉貪陀』格局中有廉貞化忌（丙年生的人）或貪狼化忌（癸年生的人）時，則是糾纏不清帶官非事件的惡運格局。有喪命之可能。如果是『羊陀夾忌』，在大運、流年、流月、流日、流時，三重逢合時，便肯定是遭災而有性命之憂了。有廉貞化忌的『廉貪陀』且會帶有血光之災的問題，亦會有車禍傷災的致命之憂。有貪狼化忌的『廉貪陀』會因為人際關係不佳產生糾紛，及運氣不好而遭災。

## 『廉殺陀』的『刑運』格局：

**『廉貞、七殺、陀羅』的刑運格局**，是車禍傷災，很凶險，死於外道的刑運格局。基本上它是和『廉殺羊』很像的，類似相同的格局。但『廉殺羊』的格局會受傷嚴重，有尖銳物、或撕裂傷，或直接傷及心臟、頭部。身體上有明顯的傷口，流血很多。而『廉殺陀』的格局，容易遭重物襲擊，或腦震盪，有時也會流血，有時卻可能表面無傷口，但會致死。它是屬於遭鈍器所傷的傷災。在大運、流年、流年、流日，三重逢合時，即會有性命之憂。

## 『貪狼、陀羅』的刑運格局：

**『貪狼、陀羅』的刑運格局**，主要是限制了人緣機會的發展。其人會因為頑固、笨、想法太固執、保守，偏限在某些閉鎖的範圍之內，無法向外發展。貪狼是一顆運動外速的星曜，要向外發展、往外跑才會有好運。有陀羅同宮時，就會心中是非多，糾纏不清，把自己自困起來，而活動力不足，不想外出，或不想向外發展了。而且有『貪狼、陀羅』時，人緣也會不好。會因為慢和笨，遭人嫌棄。

**『貪狼、陀羅』在辰宮、戌宮時**，雙星居廟，具有強悍的力量，從事軍警職的人有利。一般對於好運有拖延之勢。也對於思想行為有固執、限制的作用。對於人緣、機會有阻礙現象。但不算很嚴重。而且在偏財運上仍會發，只是略有拖延而已。

**『貪狼、陀羅』在寅、申宮時**，貪狼居平，陀羅居陷，運氣本身就少了，又遇到破耗、刑剋，以及本身心態的糾葛，運氣會更差。並且此格局又是『廉貪陀』的格局（對宮有廉貞相照），又是自己本身有邪淫問題的心態或運程，因此問題更嚴重不好了。

**『武貪、陀羅』在丑、未宮的刑運格局**：此格局中武曲、貪狼、陀羅皆居廟位。也會對財運、運氣有拖延變慢的特質，而且固執，不願變化，應變能力差。但是因為財多、運氣也不會被刑光，財運和人緣機會的運氣還是很不錯的。此格也適合做軍警職較無影響。否則還是有思想慢和笨的狀況。

**『廉貪陀』的刑運格局**前面已經講過了。

## 『天機、陀羅』的刑運格局：

**『天機、陀羅』的刑運格局**，主要是限制了機會的發展，和事情變化的契機。會使事情的變化會拖拖拉拉、愈變愈壞，或拖得久。天機也是聰明才智。有陀羅同宮時，便影響到聰明才智，會因為內心的是非糾葛，而思慮複雜，有時聰明、有時笨。**當『天機、陀羅』在丑、未宮**

# 羊陀火鈴

**時**，天機居陷，陀羅居廟，因此會有在智商方面、做人處世方面有矛盾、愚笨的現象。只有小聰明，通常都笨得很、又頑固，運氣也不佳。也會不愛動、不愛變化，有拖拖拉拉的現象。也會心情起伏大，笨起來的時候，不快樂，也悶悶的，內心多是非糾纏，身體也不好。

**『天機、陀羅』在巳、亥宮時**，天機居平、陀羅居陷，也是運氣本身不佳，又有笨的特質，因此運氣有愈來愈向下墜的狀況。一要想動，想變化，就會遭災。但仍然愛動、愛變化而消耗。因陀羅也是居陷的關係，故有不好的思想，會用自以為是的小聰明來作怪，但機會和聰明、運氣都仍不好，仍然讓人瞧不起的。做事拖拖拉拉、不實在的。

**『機陰、陀羅』在寅、申宮的『刑運』格局**。天機在寅、申宮都是居得地之位。太陰在寅宮居旺、在申宮居平。陀羅在寅、申宮皆居陷位。因此『機陰、陀羅』在寅、申宮所代表之意義雖在聰明、才智上皆

是又聰明、又笨的的狀況，做事也不積極，常有延誤和不準確的狀況。運氣也有時好時壞，快慢不一的情形，但是其結果是不同的。在寅宮的最終運氣，得到的利益略好，財稍多一點。在申宮，最終利益不佳、較窮，運氣也不好，刑運就更嚴重了。兩者皆是多傷災、車禍事件。

**『機梁、陀羅』在辰、戌宮的『刑運』格局**：此時天機居平，天梁居廟，陀羅居廟。是故是因為聰明、機運都不強，又頑固、強硬，強制要做，又有自私自利的念頭，私心太重，完全不顧別人的利益，在『天時、地利、人和』的條件全不合之下，自然沒有好運機會，這是自己造成的，腦袋不夠用，還強悍、自私，自然運氣會不好了。

## 4. 陀羅的『刑福』格局

陀羅星的刑福格局，就是陀羅和天同、天相兩顆福星同宮時的格局。

**『天同、陀羅在巳、亥宮同宮時的『刑福』格局**：天同居廟、陀羅居陷。天同本是溫和慈善、眉清目秀，通文墨、斯文之星，和陷落的陀羅同宮時，則孤單破相、眇目、斜視，有傷殘現象。頭腦也不聰明了，反而有小奸小詐、粗俗，正事做不好，只會偷懶、佔便宜，行事不正，人緣關係也不好，也不會有太好的機會、運氣了。因此他的『刑福』是顯而易見的。

**『天同、陀羅』在辰、戌宮時的『刑福』格局**：此時天同居平、陀羅居廟，是以陀羅為強勢主導的。天同只是附屬於陀羅之旁，完全無用了。因此其人會頑固、強悍，表面溫和、悶不吭聲，內心多是非，反抗心強，腦子笨，做事拖延、不負責任，自私又多是非，易遭人責罵。是自己不想付出，多惹事非，又享不到福的『刑福』格局。

**『同梁、陀羅』在寅、申宮的『刑福』格局**：事實上，這是『刑福』也是『刑蔭』的格局。因為陀羅在寅、申宮都是居陷的，因此『刑福』很深。一般來說，

**『同梁』在寅宮是操勞多**，但有貴人運，是忙中帶福的格局。但有陀羅時，會刑到貴人運與聰明度。心地也較不正、有自私傾向，頭腦不清，仍會操勞奔波，但多做無益及無結果之事，故稱『刑福』。**在申宮的『同梁』是較懶惰**、愛玩、愛睡覺、休息、不愛做正事的。而且貴人運全無。其聰明度是用來做自己享福偷懶之事的。當有陀羅同宮時，心態會更變壞了，自私自利加重，更懶惰於正事，或不願對別人有利，有奸詐的思想。也會東跑西跑的，但是為自己好吃懶做、玩耍、貪便宜而東奔西跑，讓別人覺得他很笨，因為想做正事時，他就真的很不聰明了。也因為天梁本來就陷落，沒有貴人運，沒人幫他，也享不到福，因

此『刑福』也很明顯。

**『同巨、陀羅』的『刑福』格局**：天同、巨門在丑、未宮同宮時是雙星居陷的，而陀羅是居廟的，因此陀羅更形頑固和強勢。此格局中其人身上有明顯的傷災現象和傷殘現象，容易背部有羅鍋、駝背、縮腰的狀況。也可能眼睛有斜視、羊白眼，脊椎骨側彎得很厲害。同巨坐命本來就是『刑福』格局。有陀羅時，刑福更深，工作能力差，頭腦笨又頑固，多是非、災禍，完全享不到福，又生性懶惰、遲鈍。

## 5. 陀羅的『刑蔭』格局

陀羅和天梁同宮時，是『刑蔭』格局。表示你的貴人是笨的、頑固的，會用笨的及拖拖拉拉的方法來幫助你，但根本幫不上忙，因此為『刑蔭』。

**『天梁、陀羅』在丑、未宮時的『刑蔭』格局**。此時天梁居旺、陀羅居廟。其人特別頑固、強悍、自私，為自己不算太高明的目標，堅持強力的努力。但貴人運總是拖拖拉拉的使力很慢，又不實際，因此幫不上忙，而形成『刑蔭』。

**『天梁、陀羅』在巳、亥宮時**，此時雙星居陷。表示原本就沒有貴人運了，而且自己還笨，還多是非，是自己本身聰明才智不足，又內心詭異多端，是『刑蔭』嚴重的格局。

**『同梁、陀羅』的『刑蔭』格局**，在寅宮，天梁居廟、陀羅居陷，是有貴人，但是貴人愚笨又多是非，會拖拖拉拉的、用不實際的方法來幫你，因此幫不上忙。在申宮，是天梁、陀羅皆居陷位，故是沒有貴人，又多是非、糾葛，還有小人用愚笨的方法來阻礙你，使你享不到福氣。『刑蔭』更凶。

**『機梁、陀羅』在辰、戌宮的刑蔭格局**，因天梁、陀羅都是居廟的，因此只是貴人用頑固、自以為是的笨方法，以及用拖拖拉拉、不乾脆的方法來幫助你，以致過了時間效應而無用，或根本幫不上忙，而形成『刑蔭』。

## 6. 陀羅的『刑印』格局

基本上，陀羅和印星天相同宮，只是笨和頑固、動作慢、多是非而已，本身競爭力已不足了，做事又總是慢半拍，故而根本掌不到權力。因此也沒有所謂的『刑印』格局了。『印』代表的是權力。要進入權力、核心，才會看的到權力，才會想爭取。當無法進入權力區域時，便不會想爭取。『天相、陀羅』就是這麼一個狀況。因此沒有『刑印』之說，只有『刑福』之說。

## 7. 陀羅的『刑命』格局

陀羅的特質，基本上有鬱悶、內心多是非，及事情的內在多糾葛，有拖拖拉拉、慢的性質。傷災是鈍傷、挫傷、或體內的傷害，拖很久的傷害，和腦子笨的傷害。因此若會因傷致命時，會傷害腦子變笨，形成植物人，或是吸毒使腦子變壞，或精神抑鬱，成為精神病患，或是墜樓致死。有時候不一定有外傷明顯，而是內在破碎、混亂。因此表面上看起來陀羅似乎沒有擎羊凶，但仍很凶。

**陀羅的『刑命』格局有『廉殺陀』**：因車禍而有的傷災，可能致命，也可能苟延殘喘很久，拖很久才斃命。偶有生命的企機時，便不一定會喪命了。

**『羊陀夾忌』格**：因忌星帶來是非遭災，後續問題不斷。但不在三重逢合的條件上，只是逢到流年或是流月遇到，則有小傷，不一定會死。要三重逢合才會遇到大災難而亡。

**『廉貪陀』格**：不一定會喪命，只是運氣極壞，有色情或受強暴之災。若是丙年或癸年生的人，有廉貞化忌或貪狼化忌，而形成夾帶『羊陀夾忌』之雙重格局者，三重逢合，會因邪淫及受強暴之事而喪命。也會因車禍血光或其他的是非災禍而喪命。其關鍵人物都在異性身上。

## 陀羅紀事

**陀羅、紫微**——頑固、自以為是、性子慢、疑心重、事業起伏、高尚、美麗但笨或粗糙、內心多是非、性格忽軟忽硬，嫉妒。

**陀羅、太陽**——脾氣慢又笨，做事拖延、起伏、腦袋不清楚，疑心病重，做事沒重點。傷目、刑剋男性、傷災、事業多起伏不順。

**陀羅、武曲**——刑財，財慢進，拖拖拉拉不進財，鐵器鈍傷、車禍、個性悶、暗中政治鬥爭，因財而起的糾紛，理財能力不好，耗財多。

**陀羅、貪狼**——刑運，保守、不愛動、運氣拖拖拉拉、多是非、憂愁、內心悶、人緣不佳、機會不好、色情敗事、性病、敗腎。神經系統不良、肝病。

**陀羅、廉貞**——刑官、腦子笨，企劃能力不好、車禍、開刀、血光、傷殘、政治鬥爭、暗中競爭、笨的競爭、磨難、官非、被竊、陰險多疑、拖拖拉拉。

**陀羅、七殺**——腦子笨、不清楚、傷災、車禍、血光、開刀、鈍傷、爭鬥爭不贏、內心多是非、蠻幹、頑固、磨難、被打壓、拖拖拉拉。

# 羊陀火鈴

**陀羅、破軍**——腦子笨、不清楚、破耗、破敗、醜陋、車禍、血光、開刀、鈍傷、爭鬥、破耗、多是非、破財、磨難、被搗毀、破產、做不好又拖拖拉拉或破爛又拖延。

**陀羅、天同**——溫和又笨、福不全、傷殘、個性不良、頑固、疾病、黑道、是非災禍多、糾紛、不寧靜、不平安、沒好運、頭腦不清。

**陀羅、天相**——福不全，理財能力不好、受牽累、個性不良、糾紛多、笨又慢、拖延、溫和、頭腦不清。

**陀羅、天府**——刑財，笨又慢、愛拖延、理財有瑕疵、漏財、劫財。做事沒方法，能力不佳。

**陀羅、太陰**——刑財、劫財、漏財，暗中損失、傷目、目疾、經期不

順、精神鬱悶、感情不順、神經衰弱、刑剋女性、薪水少又拖延、銀行存款耗損、房地產耗損、失戀，對人付出感情的方式不讓人接受。敏感又笨。

**陀羅、巨門**——爭鬥、雙重是非災禍、身心不寧靜、煩悶、陰險、品行不佳、暗中爭鬥、嫉妒，性生活不正常、有怪癖、傷殘、災禍降而離去的慢，口舌是非、糾紛多而纏繞不走。

**陀羅、火星**——是非爭鬥、品行不佳、笨又有古怪聰明、災禍突發、是怪異的災禍又慢去。車禍、血光、是非口舌衝突、意外之災。

**陀羅、化祿**——祿逢沖破、刑財、笨而拖延進財、人緣不佳、機會拖延又消失了。

**陀羅、劫空**——殘疾、破敗、多是非、好處算不到、頭腦空空、拖拖拉拉就成空、早夭。

法雲居士⊙著

在中國醫藥史上，以五行『金、木、水、火、土』便能辨人病症，
在紫微斗數中更有疾厄宮是顯示人類健康問題的主要窗口，
健康在每個人的人生中是主導奮發力量和生命的資源，
每一種命格都有專屬於自己的生命資源，
所以要看人的健康就不是單單以疾厄宮的內容為憑據了，
而是以整個命格的生命跡象、運程跡象為導向，來做為一個整體的生命資源的架構。
沒生病並不代表身體真正的健康強壯、生命資源豐富。
身體有隱性病灶、殘缺的，在命格中一定有跡象顯現，

健康關係著人生命的氣數和運程的旺弱氣數，
如何調養自身的健康，不但關係著壽命的長短，也關係著運氣的好壞，
想賺錢致富的人，想奮發成功的人，必須先鞏固好自己的優勢、資源，
『紫微命格論健康』就是一本最能幫助你檢驗出健康數據的書。

# 第七章　陀羅在『命、財、官』對人的影響

當陀羅在『命、財、官』這個三合宮位出現時，就表示在你的一生中有很多事是會像陀螺一般原地打轉，轉不出去，想不清楚，也常有拖拖拉拉的現象，進行並不十分順利，會內心是非多，想得多，而多半是不利於自己人生運氣和格局開闊等問題的。所以這也會影響到你人生的財富格局不大，只是中等以下格局。在人生的打拚能力，智慧能力、工作能力上都有稍微的磨難，無法淋漓盡致的實行你的抱負。也無法跳脫你原來的格局限制。你會有些笨及想法不周到的地方，或是做事慢半

拍，思想模式較緩慢或拿不定主意，進退維谷，疑神疑鬼，對人不信任，尤其不信任熟識的人，反而信任陌生人。易遭騙或因小失大。也會心中鬱悶，運氣不佳，遭人置難、人生有坎坷或剋絆，會有不順暢之現象。

**當陀羅居廟時**，你會因頑固、強悍、自以為是、頭腦不開通、應變能力及理解能力不佳而遭受不吉或不順。

**當陀羅居陷時**，你會因笨又拿不定主意、多疑、性格懦弱、能力不佳又想偷懶、佔便宜，而無好運及反受其害。

**當陀羅和紫微、太陽、廉貞、天梁同宮時，亦為『刑官』格局**。會對人的聰明才智，以及工作能力、打拚能力、事業、學業上有影響。會笨或一時想不到而常出錯，或自作聰明不努力。

**當陀羅和財星如武曲、天府、太陰、化祿、同宮時，就是『刑財』**

**格局**。表示價值觀不好而使自己在財富上有損失，會耗財多或被劫財。本命較窮、身體不好、或有些錢因為怕辛勞、怕苦而不想賺。在人緣、機會少也會運氣不好。人生的格局和財富的獲得都是小的，有刑傷的格局。

**當陀羅和天相同宮時**，也算是『刑印』格局，但一般不這麼稱呼它，而是稱它為『刑福』格局。這是因為是自己頭腦愚笨、又頑固，而享受不到權力和福氣。影響到福氣、享用的層面較大，因此『刑印』格局就專屬『天相、擎羊』同宮時來用了。

**當陀羅和天機、貪狼等運星同宮時是『刑運』的格局**。因天機、貪狼是速度快的星，也是聰明、機巧之星，更是能有機變，使運氣不斷變化之星。而陀羅是速度慢的星，頑固不變化、扭曲、是非多的星，因此兩星相遇，會造成拉扯，不利運氣的運行，會使運氣停滯不前，因此為

『刑運』格局。這是因為腦子笨又拖拖拉拉而『刑運』的。

**當陀羅和福星、天同、天相同宮時為『刑福』格局**。會有傷災、傷殘及享受不到、多耗財、行事不順利的現象。

**當陀羅和天梁同宮時，為『刑蔭』格局**，會有傷災、傷殘、破耗現象。亦表示貴人是笨的，用笨方法而根本幫不上你的忙。有此格局者，你和父母、師表、上司之間多是非糾葛、理不清楚、彼此關係不親，也會受人從中做梗，因此你無法受到長輩、上司的厚愛。但以陀羅落陷和天梁落陷時較嚴重。陀羅居廟時，表示貴人或長輩、上司強制愛管你，而對你造成不便、不吉，無幫助。陀羅居陷時是貴人用不好的方法幫你，使你根本沒受益，反受其害。

## 第一節　陀羅在命宮對人的影響

**當陀羅在命宮時**，對人的直接影響便是性子慢、愛多想，操勞不停。也會頭腦不清楚、利害關係算不清楚，黑白不分，是非不分。常想投機取巧，但總佔不到便宜，會運氣停滯不前、凡事拖拖拉拉，得不到好處。其人的性格中也常鬱悶、不開心、心中是非多，把別人全想做是不好的、會危害你的假想敵，尤其最會把自己周遭的人當作假想敵，這就是頭腦不清楚的地方。

**當陀羅居廟時**，其人會特別頑固、自以為是、不聽他人勸告，即使錯了也要錯到底，認為這是一種考驗和試驗。不知道有些事是不值得用錯誤去試驗的，因此其人的人生有反反覆覆的錯誤，常是相同又再重複

發生的。其人生會因為思想上的問題而無法向上擴展。也會常心中悶，愛多想，容易想些無用的東西而浪費時間和精力。同時也會因思想的關係刑財或耗財，使財富減少，更會使生命之財、如健康、壽命等生命資源減少。做武職會人生平順得多。

**當陀羅居陷時**，其人愛多想，常想一些不好的事，對人疑心病重，也會對人反反覆覆，人緣不佳，做事沒有責任感、性格趨向卑劣，只重自己利益、自私自利、重複相同的錯誤，一生操勞、奔波，常是浪費在一些無謂，損人不利己的事物上。做事也是拖拖拉拉，但是別具用心的，是根本不想對人有利的。一生多傷災、刑剋和災禍之事。

**當陀羅在命宮形成『刑財』格局時**，表示你天生的命中財就受到限制，財少一些。也容易因你自己腦袋中之思想的關係，對錢財不敏感，笨一些或價值觀不同，而減少或喪失賺大錢之機會。

**有武曲、陀羅在命宮時**，你十分頑固、有些錢你不賺，性格剛直，對人不留情。對宮有貪狼相照，同時又是『刑運』格局，因此你在人緣機會上也受磨難、不順。你是因為自己腦筋頑固、很多事自以為是，想的不多，考慮不夠周延、不圓滑而失財或遭劫財的。也會因考慮不周詳而耗財。

**有武貪、陀在命宮時**，你十分頑固、強悍，有些錢你不賺。這同時也是『刑運』格局，故你在人緣機會上也無法掌握。做武職能突破，做文職一生多起伏。你也是因為頭腦頑固的關係，聰明度打了折扣了。亦會耗財、劫財多。人生格局會減小。

**有武破、陀羅在命宮時**，武曲、破軍同宮，本是『因財被劫』的格式，再有陀羅同宮，你會窮且笨，做武職，人生會平順。否則永遠落在最低下的人生格局之中。你是既不會賺錢，又耗財多的人，最後會耗生

命之財、有病痛、傷災、或短壽問題。

**命宮有天府、陀羅時的『刑財』格局**，你十分頑固、自私、小氣、多疑，而且耗財。財庫磨破了洞，一直漏財。陀羅和天府在廟旺之位時，表示還有一些財，不會漏光。陀羅在陷位時，漏財凶，智慧不高，多疑、太笨，常出錯、要看天府的旺度，以決定是否會窮困。天府居得地之位，例如在巳、亥宮時，需節儉度日才會小康。

**命宮有太陰、陀羅的『刑財』格局**，表示天生就笨，還不許別人講，但常做笨事，感情不順、人緣機會不好。本命中的財少（比一般人來講），你更會工作能力不強，有投機取巧之嫌，更會常遭災，不順。你會和女性不合，也不利婚姻。在工作上進財少，會有讓人討厭的狀況。

**當陀羅在命宮有『刑運』格局時**，表示你天生較笨，腦子不好、不

機敏、靈巧，但常有自作聰明的困擾。你會心裡悶，不愛動，但操勞或心中多是非，心情常不好。也常運氣停滯、運蹇。一生較辛苦，但收獲不多。亦會人生格局小，辛苦沒代價。更會常做一些無謂的，損人不利己的事。人緣也會不好、遲婚或不婚。桃花少。也易被人厭惡，人緣差。

**當陀羅在命宮形成『刑蔭』格局時**，表示你自己本人即因思想頑固、笨的關係不喜有人管，或不喜別人隨意插手你的事，因此貴人運不佳。而且你也不想管別人之事，不會照顧別人。除非會牽扯到你的利益，才會管，但又管不好，會惹起糾紛。你自己比較容易做別人愚笨的貴人，而不太可能有愚笨的貴人來幫你。這同時也是『刑官』的格局，因此你在事業上也會有拖拖拉拉，升官慢，成就稍遜的格局。

**當陀羅在命宮形成『刑官』格局時**，表示你在事業上的成就會受到

限制。你的聰明才智不高，靈敏度不強，你會性格陰沈、緩慢、多是非糾纏，人緣機會皆不佳。工作的能力及打拚力量較弱，會懶惰、投機取巧，自作聰明，又遭人嫌棄。

例如：

**命宮有『紫府、陀羅』時**，你會比一般紫府坐命的人笨，事業運沒那麼好，也會比他們操勞、耗財多、存不住錢，人生格局會打折扣。也不如一般紫府的人讓人尊敬。做事的能力和打拚力量皆弱，易放棄或斷斷續續。

**命宮有『紫相、陀羅』時**，你會比一般紫相坐命的人笨和慢一些。事業運和打拚能力、工作能力皆差一段。容易福不全，多傷災、耗財。你會比他們更頑固、好爭，但又用笨方法或在笨事情上爭。你會有些頭腦不清楚，理財能力不好，耗財多，也較不受尊敬。

**命宮有『紫殺、陀羅』時**，你會比一般紫殺坐命者笨，也會投機取巧，做更多的笨事。更會工作能力差，只知死拚，但又沒重點，後繼力量不足，故常出錯、失敗的機率大。做武職、一生可平順，這也是頭腦不算清楚之人。

**命宮有『太陽、陀羅』在命宮時**，你是少根筋、做事馬虎、自省能力不足之人。也會邋遢，不講究。但會數落別人，對自己寬宏。一生心中也多是非，但做事業不積極，會拖拖拉拉、斷斷續續、腦子笨，又不細心，一生糊里糊塗過日子。人生格局不高。

**命宮有『同巨、陀羅』時**，頭腦笨，身體有傷殘現象，工作能力不高，人緣、機會也不好。

**命宮有『陽巨、陀羅』時**，頭腦笨又愛自作聰明，身體不佳、多傷災，一生中是非災禍多，會因意外的小聰明而遺害自己。

**命宮有『廉貞、陀羅』的『刑官』格局時**，這是陰險又笨，常損人不利己的命格。多疑、善妒，做事拖拖拉拉，一生成就和人生格局會比一般廉貞坐命者低很多。在事業上也易遇阻礙。或因懶惰、拖延而失去機會。人緣關係會不好。因和對宮形成『廉貪陀』『風流彩杖』格，一生會因情色問題而遭災。也會因色情問題，如遭強暴或強暴別人而結婚。也會因有不好的婚外情關係而離婚。人生是起起伏伏，有不順暢的運程。亦會多傷災、車禍及開刀事件。

**命宮有『廉府、陀』的『刑官』格局時**，表示腦子笨，會刑財和刑事業。工作會有起伏不順，多傷災、開刀、血液問題。亦會因車禍死亡、或暴斃的問題。你賺錢會比一般廉府坐命者少。你也會因觀念的問題，有些錢不賺及耗財多，工作也會斷斷續續。

**命宮有『廉殺陀』的『刑官』格局時**，表示你腦子笨，比『廉府

陀』的人更笨，但你會十分勞碌、更愛做事和打拚，工作層次不高。這是因車禍死亡或暴斃的惡格，因此要精算流年、流月。你會身體不佳、有病痛，影響工作能力，也會工作斷斷續續。你也會因觀念問題停留在做用體力多、用腦不多的工作上。

**命宮中有『廉貪陀』的刑官格局時**，你是頭腦笨，能力差，愛偷懶，又愛享受情色性慾的人。通常是品行不佳的人，對工作也不賣力，愛投機取巧，人緣差、運氣不好，也常遭災，一生的格局，成就都差。

**命宮有『天梁、陀羅』的刑官格局時**在前面已講過了。

**當命宮有『刑印』格局時**，有『天相、陀羅』時，此格局應稱『刑福』格局，表示頭腦笨，一生受人欺負，無法當家管事。在工作上能力差，沒擔當，亦會拖拖拉拉，偷懶卸責、頭腦不清。有『廉相陀』時，容易做笨事被告，有官非、吃虧、官司打不贏、要賠償、有理說不清。

更會因拖延的關係造成對人對己的大傷害。有『刑印』格局的人，都得不到別人的尊敬，常遭辱罵斥責。

**當命宮有『刑福』格局時**，有『天同、陀羅』時，表示頭腦笨、身體有殘障，精神有問題會鬱悶有病。工作能力差，沒擔當，愛享福，又用笨方法，會享不到福。一生的財運享受也會差。

## 當命宮有陀羅和殺、破、暗、劫等星同宮時

**當命宮有陀羅和七殺同宮時**，表示是又笨又凶的命格，會做粗重卑賤的工作。也可能不工作，是個無賴的人。陀羅、七殺居廟時，做武職能有成就。陀羅居陷時，一生起起伏伏，會因為笨又想得多，多遭困難，打拚力減弱，或因價值觀及想法不同，常中途放棄不做。多傷災、暴斃。

**當命宮有陀羅、破軍同宮時**，表示是笨又破耗多、又醜，是很強悍的人，一生多是非、爭鬥，常敗北，但仍會操勞及強勢愛做，愛破耗。一生起伏大，不順，也會有意外事故、身亡或傷災。

**當命宮有陀羅、巨門同宮時**，表示是又笨又多是非扯不清的人，頭腦也不清，人緣不佳，思想扭曲、笨又有藉口，做事專用製造更多的是非來糾纏別人的方法來做事。一生無大成就，常為無賴之人。

**當命宮有『陀羅、天空』或『陀羅、地劫』同宮時**，表示有怪異思想，但別人都覺得他笨。也會頭腦不清，不實際而幻想多，一生為無用之人。和人有瓜葛就多是非，是非完了時，人緣始終不好，一生較窮，人生較低賤，無大發展。

## 第二節　陀羅在財帛宮對人的影響

當陀羅在財帛宮時對人的影響，就是影響其人的價值觀，與對其人的財運上有剋害，對其人的腦子、聰明有限制，對其人一生手邊所花之錢財、享用有限制，使其人享福不多。也會使其人耗財多，花錢時，用腦不多、不聰明，花錢花不對地方，又會在錢財上遭騙、遭劫財、多是非、災禍，其人的打拚和賺錢能力差，問題很多。

### 當陀羅在財帛宮是『刑財』格局時

**當陀羅在財帛宮是『刑財』格局時**，表示你天生腦子笨，價值觀也有問題，對錢財的敏感力也有問題，不會理財，又運氣不好，賺錢不容

易，但花錢的格調又不高，會亂花錢。或該花的不花，不該花的亂花一通。並且錢財拖拖拉拉的難進帳，生活都會有問題。

**陀羅在財帛宮的『刑財』狀況是**：在財運上是好事多磨的，磨來磨去，錢財愈來愈少，甚至等了半天而沒下文了。所以進財之事一遇到『拖延』，財運就會消失了。

當財星居廟、居旺時，陀羅也居廟時，雖刑財，但還有財，財多，磨掉一點，有妨礙，但不算窮困。

當財星居陷、陀羅居廟時，是無財又強力爭奪，還帶有是非災禍的狀況。是窮而爭財而不順，更會耗財多、劫財多。

當財星居廟、居旺、陀羅居陷時，是財多、損耗、是非又多，有時會窮困，有時不太窮、仍有錢。

當財星、陀羅皆居陷時，是非常窮困，又賺不到錢，還耗財、劫財

多，本身聰明才智太差、理財能力不好，故財窮一生。

## 當陀羅在財帛宮是『刑官』格局時

**當陀羅在財帛宮是『刑官』格局時**，表示在賺錢的能力上是不行的。你也會因為事業、工作的不順利，起起伏伏而錢財不順。你更會因為事業上的爭鬥多、是非多，或因自己的價值觀、頭腦不清楚而賺錢少，或耗財、劫財多，財運是不順利的。在財運上也沒有貴人幫助，上司、長輩都不會幫你。尤其**有『太陽、陀羅』時**，你會因和男性相處不好、頭腦不聰明，做了太多的笨事而財運不佳。有『**廉貞、陀羅**』**時**，會因頭腦笨，又想得多，疑神疑鬼，大處不算，小處算，腦子不清楚、企劃能力、智慧低落而錢財不豐。有『**天梁、陀羅**』**時**，是名聲有瑕疵，和做了笨事，事業運不佳而飽受財運之苦。也是頭腦思想不靈光導

致的。

## 當陀羅在財帛宮是『刑運』格局時

**當陀羅在財帛宮是『刑運』格局時**，有『天機、陀羅』、『貪狼、陀羅』同宮時，表示在財運上的運氣起伏不定，一會兒有財運，但一會兒停滯。但常容易停滯或拖拖拉拉進不了財。你也會在財運上機會不好。有些錢財你不愛賺，或是根本思想上和財離得遠，對錢財沒有敏感力。因此一生容易手中常困窘，錢財不順。

## 當陀羅在財帛宮是『刑福』格局時

**當陀羅在財帛宮是『刑福』格局時**，有『天同、陀羅』同宮時，表示福不全，會因頭腦笨、賺錢能力不佳，理財能力不好，賺不太多，存不住，享受不好、會窮困或財不豐。你也易有身體上的病痛或傷殘。有『天相、擎羊』時，你的理財能力不好，也沒有主控、領導、負責任的力量。更無福消受錢財，會耗財多，花錢亂花、沒主見，易遭騙或遭勒索，也會被要脅而資助匪盜。小心生命有刑剋，會早夭短壽。

## 當陀羅在財帛宮和殺、耗、暗、劫等星同宮時

**當陀羅和七殺在財帛宮同宮時**，表示你是用很笨、很蠻橫的方法，以及用流血、流汗的方式，用辛苦且層級不高的、做粗工、粗活的型態在賺錢與耗財。一生財不豐又辛苦。你的智慧和人生格局不高，所具備的智慧與成就也不會太高了。你花錢時是又狠又大手筆，敢於下手買東西，但賺錢卻十分不容易。因此會常窮困。若身宮又落在這樣的財帛宮中，你會做奴僕或侍候別人來賺錢。

**當陀羅和破軍在財帛宮同宮時**，表示你破財破得凶，花錢很多，耗財無數，你在花錢耗財上常頭腦不清，亂花，像流水。但賺錢沒那麼容易，你的腦子中常有奇怪的想法，因此愛花錢。若身宮又落在財帛宮時，此時你會財窮又破耗多，無所不用其極的來賺錢。有一天連生命資源也被刑光時，便斃命了。身宮又在此財帛宮的人，會做奴僕或侍候別人來賺錢。

**當陀羅和巨門同宮在財帛宮時**，表示你在錢財上多是非、爭鬥。你也會在價值觀上有扭曲現象，頭腦不清，混亂、賺錢會用是非、口舌較多的方式來賺錢。解釋很多，但愈解釋愈不清楚。錢財會拖拖拉拉的進不來，愈拖也愈有是非。最後根本無財可進。在你人生格局中根本就是財少的格局，也是『機月同梁』格薪水族的格局，可是你會不滿現實，想得多，執意要賺大錢，心中計較，或想做生意、做老闆，造成虧空更大。

**當『陀羅和火星』或『陀羅和鈴星』同在財帛宮時**，倘若是『火貪格』、『鈴貪格』還是會暴發偏財運，但會慢發或發得小。陀羅是慢星有滅火的性質，故會消耗火、鈴的快速感覺，使暴發運減小、減低。

當財帛宮只是『陀羅、火星』或『陀羅、鈴星』時，火、鈴本來自己本身也有些意外之財的。但有陀羅同宮時，便不發了。而且其人在價值觀與運用錢財及賺錢方式上有怪異現象，會一會兒笨、一會兒聰明。或有的事笨、有的事聰明，看起來十分反常。但賺錢能力不佳，常意想天開，耗財多，只會做一些臨時工作，常受貧困之苦，可是花錢的速度是特快，又不經過大腦的。

**當『陀羅和地劫』或『陀羅和天空』同在財帛宮時**，表示因為笨和頭腦空空、不實際而無賺錢能力、工作能力。更是一個只會花錢耗財、頭腦不清、沒有財運，也沒有任何價值觀的人。此人容易是入空門、宗教、不管生活用度的人或是身體傷殘，沒有生活能力，靠人養活的人。

## 第三節　陀羅在官祿宮對人的影響

當陀羅在官祿宮時，對人的影響是在事業、智慧、工作、處事的能力上直接有減低、減慢，拖拖拉拉，做不長久，或是斷斷續續，有瑕疵，成就不高等現象。其人會不聰敏、腦子笨，常出錯，打拚能力差，拖延因循，做人不實際、思想不實際、意想天開或是偷懶，自作聰明，反遭害。因此在其人的學業上會有進退、起伏，功課不算好。在未來事業上也會有起伏成敗，一生有多次的坎坷。自然人生格局會被限制住不太大了。而且在賺錢方不算多，至少沒你想像的多。

# 羊陀火鈴

**當陀羅在官祿宮形成『刑財』格局時**，表示你在事業上是賺錢少的。也會價值觀不好，不利於賺錢。你更會人緣機會不好，有磨難，因此事業會有坎坷起伏、高高低低、多遇困難。並且你有多耗財的聰明才智，至於多賺錢的聰明才智是略差的。因此你在工作上要賺的錢會比你想像中的財少很多。

**當官祿宮是『武曲、陀羅』的『刑財』格局時**，表示你在智慧上特別頑固又笨，也在事業賺錢方面能力會打折扣，因此在打拚事業時，錢財會遭到磨難，會賺的錢財較少，或是拖拖拉拉，進財慢又較少，常又無疾而終。你會做與軍警、政治有關，或是與金融、錢財有關，層級不高的工作。一生所做的事都很簡單。倘若做其他的工作，一定錢財不順，錢少事多，耗財大，工作會斷斷續續，進財慢又不豐。但你仍會有暴發運來彌補你的財運。

**當官祿宮是『武貪、陀』的『刑財』格局時**，因武曲、貪狼、陀羅皆居廟位，故你仍有『武貪格』偏財運格，做武職最好，事業能有成。做文職較差。你會頭腦笨、頑固、強悍、主觀太強，這是思想上和行動力上的刑剋。此格局亦是『刑運』格局。但因『武貪陀』皆在廟位，故雖刑財，剋掉一些，還剩不少。至少有中等格局的人生。

**當官祿宮是『武破、陀羅』的『刑財』格局時**，因武曲居平，破軍也居平，陀羅居陷，這是『因財被劫』，劫得很深、很厲害的狀況。會賺錢不多，心窮、智慧窮，並且耗財多，事業起伏不定。做武職、軍警業較佳，會較平順，會有固定薪資和養老金。

**當官祿宮是『天府、陀羅』的『刑財』格局時**，表示你在事業上所具有的財庫被磨破了，有了破洞。你也會在理財上有智力不好的現象，與錢財慢進，進得稍少一些，也會略耗財。**有陀羅居廟時**，是因為性格

# 羊陀火鈴

頑固，腦子轉不開，而在工作方面進財少或耗財。而**陀羅居陷時**，是因為理財智慧不足，有怪異想法、自作聰明，而進財少或耗財。你會因為計算和計較的問題留不住財及進財少。

**當官祿宮是『太陰、陀羅』的『刑財』格局時**，表示是在薪水上有慢進或拖拖拉拉的現象，也會工作能力不佳，工作斷斷續續，不長久。亦會是耗財多，理財能力不佳，對錢財的敏感性不佳，頭腦不聰明，愛多想、是非多，會因為內心起伏大，而有不好的想法而放棄工作。因而賺錢少，或進財慢。也會因感情問題而耗財、劫財或不進財。

**當陀羅在官祿宮形成『刑官』格局時**，表示你在事業上會起伏大，或因是非、口舌、災禍而阻礙事業的發展。更會因頭腦不聰明而失去一些機會。你也會在聰明才智上因想得多，想得複雜，內心多是非，腦子轉來轉去，轉不過來，做事又慢，或拖拖拉拉，失去好機會，或做事馬虎、不俐落，而遭別人嫌棄。做武職的工作較可平順，而且**陀羅居廟時**，會有強悍的力量，會固執的用自以為是的方法來完成任務。**陀羅居陷時**，會心態不好，陽奉陰違，更會想故意偷懶、不做、或搞破壞。或是想：你要嫌我，我就不做，大家都不做，大家都不好，我最高興。容易自做聰明，和人唱反調，也反而自食惡果，阻礙了自己的事業發展。

**當陀羅在官祿宮和紫微的『刑官』格局時**，有『紫府、陀羅』『紫破、陀羅』和『紫殺、陀羅』，三種『刑官』格局。

**當官祿宮有『紫府、陀羅』的『刑官』格局時**，你在工作上仍然有好的收入，但工作會有斷斷續續的狀況。也會有賺錢的機會多，但有些錢你不愛賺，因此失去一些賺錢的機會。在工作上亦會瑣碎、複雜，常有一些零星的小事，讓你頭痛或不愉快，但不嚴重。你仍然可獨當一面，做老闆或做主管階級，有不錯的收入。有時也會有一些意想不到的

小差池出現。

**當官祿宮有『紫破、陀羅』的『刑官』格局時**，你的工作表面上看起來不錯，以做武職較佳。亦可能做小主管，是用體力較多的行業，非常辛苦，是主貴的格局，但賺錢不多。做武職會有較好的薪水。名聲會好。你會具有極強的打拚能力，常事倍功半，你也不在乎。在工作上有強悍愛做，但不願聽別人意見的狀況，破耗多。

**當官祿宮是『紫殺、陀羅』的『刑官』格局時**，你的工作是辛苦，財不多的。你的智慧也不高，因陀羅是居陷的，也會有頭腦不清的現象，有些事你很愛打拚，有些事你不愛做，也會失去一些機會和好運。己年生的人仍能富足。工作上有斷斷續續，中途改業或另起爐灶的狀況。

**當官祿宮是『太陽、陀羅』的『刑官』格局時，在辰宮**，太陽居旺，陀羅居廟，你的頭腦不聰明，但性格強悍，愛拚，工作仍會有一定的格局，只是慢一些，拖久一些才會變好。事業有起伏狀態，多是非、爭執，有時也會意氣用事不做了。但仍會找到你愛做的事。你適合做用腦不多，用體力多一些的工作。仍能做主管階級，會有發展。

**在巳宮**，太陽居旺，陀羅居陷，表示事業運仍很強，但工作會有斷斷續續的狀況。也會改業或中途失業，再做其他的工作。也會做老闆，但薪水不多。

**在戌宮**，太陽居陷，陀羅居廟，表示事業運不強，但仍能強悍的打拚，中年以後會意興闌珊，怠惰下來。事業上所得之錢財不多。做薪水族或武職較佳，生活會平順。

**在亥宮**，太陽居陷、陀羅居陷，表示工作能力和運氣皆不佳，工作不長久，容易當無業遊民，也容易怠惰，奮發力不足。賺錢的能力不太

好。

**當官祿宮是『陽巨、陀羅』時的『刑官』格局時**，表示你的頭腦笨，心地有時開朗，有時是非糾纏多，在工作上是非麻煩多，工作不順利，會斷斷續續，有時有工作，有時無，錢財會不順。

**當官祿宮是『日月、陀羅』時**，這是『刑官』又『刑財』的格局，**在丑宮**，太陽居陷，太陰居廟，陀羅居廟，表示工作不是很順利，常會因頭腦思想的關係，有時強勢要做主，做決定，而工作斷斷續續，錢財也拖拖拉拉，但有時仍有財進，財不如別人多。**在未宮**，因太陽居得地之位，太陰居陷，陀羅居廟，表示工作層次不高，會做錢財不多的工作，也易因情緒起伏辭職或失業，錢財更不順。

**當官祿宮是『廉貞、陀羅』的『刑官』格局時**，表示你在智慧和營謀上差人一等，你也會想得多、做得少，更會凡事拖拖拉拉，專想佔小

便宜而吃大虧。你更會頭腦不清楚，常想和人爭權奪利，看不清現實狀況而自己倒霉。因『廉貞、陀羅』和對宮的貪狼形成『風流彩杖』格，因此更會因色情和風化問題，而讓事業栽跟斗。工作有斷斷續續的狀況。

**當官祿宮是『廉府、陀羅』時**，表示你在工作上雖不算聰敏，但會有一些錢財可賺，會做辛苦粗重的工作。也會中途休息或中途離職，另謀發展。更會有賺錢不順利的狀況。不適合投資或自己當老闆。會有意想不到的損失。

**當官祿宮是『廉殺、陀羅』時**，表示你只適合做軍、警職，而且會做用腦不多的工作。會用體力來強力打拚，在工作上要小心因公殉職的狀況。

**當官祿宮是『廉貪、陀羅』時**，表示你在工作上智慧不高，容易做

# 羊陀火鈴

低賤或低俗的工作，工作階段和層次不高，如工人或色情行業。你也會不工作，靠別人養。因官祿宮本身就是『風流彩杖』格，故工作易和色情有關。婚姻也會因色情而起。一生之中常無工作。

**當官祿宮是『天梁、陀羅』時**，這是『刑官』和『刑蔭』的格局，表示在工作上智慧，謀略較粗陋，不精細，名聲也不高，較低落，貴人運也遲遲不來。拖拖拉拉。因此有工作就不錯了，不須太計較。工作容易斷斷續續做不長，容易被人嫌來嫌去。

**當官祿宮是『同梁、陀羅』時**，表示你在工作上不積極，常想偷懶，塞責，也會不計較工作性質，只要輕鬆、事少就好，職位不高也無所謂。工作容易斷斷續續。你有小聰明，但愛拖拖拉拉，不負責任，因此做薪水族，就十分慶幸了。

**當官祿宮是『機梁、陀羅』時**，表示你很頑固，有自己的想法，不

聰明但仍強勢要做主，能力不足、賺錢少。有天機化權同宮時，仍能運用小聰明來管事做主。有天機化忌同宮時，太笨，一生不順，沒工作能力。你在工作上亦有斷斷續續，中途失業的警訊。

## 當官祿宮有『刑運』格局時

**當官祿宮有『陀羅和貪狼』同宮的『刑運』格局時**，表示運氣有拖拖拉拉的現象，而且聰明度會打折扣，心中會多是非，工作不順利，進財不順，工作也會斷斷續續，做事做不長久，或常換職業。一生起伏大。

**當官祿宮有『陀羅、天機』同宮的『刑運』格局時**，表示頭腦的聰明受到是非糾纏的限制，是有時聰明，有時笨的狀況。常分辨不清何時是對自己有利的，何時是對自己有害的。常會聰明的不是地方。無須聰明時，又精明太露，惹人不悅。同時也表示你的機會和人緣被限制住了，做事會拖拖拉拉，腦子不夠用。在工作上也會斷斷續續常換工作，又重頭幹起，工作經驗不能累積，你是『機月同梁』格的人，必會以薪水職業工作為終生職，因此有此官祿宮時，錢財也會不順。

## 當官祿宮有『刑福』格局時

**當官祿宮有陀羅、和天同或天相同宮時**，為『刑福』格局。表示你的腦子笨，做事不靈光，理財能力不好，做簡單、專一的工作會平順，做太複雜的工作做不長久。你會常遭人指責，心中不愉快而放棄工作或改行。工作會斷斷續續。有專業知識較好。

## 當官祿宮有陀羅和殺、耗、暗、劫之星同宮時

**當官祿宮有陀羅和七殺同宮時**，表示你的工作很辛苦，而且做起來事倍功半，結果沒有預期好。因為你的遷移宮中會有擎羊相照，環境不好，多爭鬥，也會常使你分心，和聰明用錯地方。**當陀羅居廟時**，你會頑固強悍，決意要爭、要達成得到你想要的東西，會不辭勞苦的去拚命。但**陀羅居陷時**，你常想放棄，更會替自己找藉口怠惰或放棄不做。因此你在工作上會顯得愚笨，或只想做一些用勞力、體力的工作，而不想去多花腦筋來工作。所以是悶悶的，笨笨的做。陀羅居陷時，工作不長久，會斷斷續續，腦子也不靈光，常做笨事，陀羅居廟時，會埋頭苦幹，用笨一點的方法，有時也可做成功。

**當官祿宮有『陀羅和破軍』同宮時**，表示你在工作上的爭鬥多、績

# 羊陀火鈴

效差。你會又笨又破耗多，是非多，別人都嫌你笨，你也不愛聽別人的意見，做事不易成功。且多是非、爭鬥和破耗，你會一生辛苦，多做一些和勞力、血汗有關的工作，會做不長久，斷斷續續的，多起伏不順，而且職位不高。

**當官祿宮有『陀羅和巨門』同宮時**，表示工作上是非糾纏不清，有雙重是非災禍。你是一個頭腦不清的人，工作的能力差，但扯是非的能力強。你的工作上多是非爭鬥，但又是一種悶悶的、不明朗、暗中蘊釀、猛然顯現的爭鬥，你會隨波逐流，也會隨波盪漾，但最後你仍不如別人聰明，會失去工作，你在工作上不順利，職位低，還多是非災禍，麻煩多，也常失業、停頓，工作能力也不佳。

**當官祿宮有『陀羅、天空』或『陀羅、地劫』時**，表示你的頭腦空空又笨，工作能力也差，你經常不工作，或做一些粗活，聊以維生。

# 第八章　陀羅在『夫、遷、福』對人的影響

當陀羅在『夫、遷、福』這個三合宮位時，這表示陀羅是由外在環境，反射到人的內心層面的影響。在你周遭的環境中的人都比較笨、又是非多、做事不俐落、慢吞吞、拖拖拉拉的，東想西想，把問題放在心中纏繞，不說出來的，心中暗藏鬼怪想法的。你在這些人當中生活，久而久之，你也和他們一樣具備了這種有些笨，思想混亂、不清楚的特質了。還是一樣，我們用『刑官』、『刑財』、『刑運』……等的方式來解釋，你就會知道問題在什麼地方，又有多嚴重了。

## 第一節　陀羅在『夫妻宮』對人的影響

當陀羅在夫妻宮時，你的命宮中一定有擎羊星。而且擎羊居陷時，陀羅就居廟，陀羅居陷時，擎羊就居廟。非常有趣。

**夫妻宮有陀羅居廟的人**，表示你的配偶是粗壯的人，亦表示你外表懦弱，會東想西想，內心複雜。又不想讓人知道你有小奸小險的心思，常把問題埋在心中，但又非常頑固的想達成願望。（夫妻宮代表內心的想法）於是你會找一個外型頑固、強悍，又有些悶悶的人，來幫你實行願望和幫你表達內心的渴望。

**夫妻宮有陀羅居陷時**，你的命宮有擎羊居廟，表示你的配偶是瘦或矮小的人。亦表示你的外表是有些強悍、多謀略的，也會想得多、計謀

多，會常把別人想得不好，把別人看成是惡意不良的人。比較注意別人的邪惡面。也常會把事情作悲觀的想法和看法。也是心中多是非的人。你會好爭鬥，無論用什麼方法都好，只要能爭贏，可以無所不用其極。因此心態上也有不好的一面。

**當夫妻宮有陀羅和財星同宮，為『刑財』格局時**，表示你的配偶是財不多的人，也表示你心中的財少，心窮，因此你會小氣吝嗇，對人較刻薄，理財能力較笨，該花的錢不肯花，不該花的錢又耳根子軟，易受人挑唆而耗財。也會有頭腦不清楚，吃了虧又怨恨、埋怨，明明是自己心地不夠光明，反而把責任推到欺騙者的身上，令人啼笑皆非。

**當夫妻宮有陀羅和武曲同宮時**，表示配偶是性格悶，頑固，略有財、財不多又進財慢的人。你內心頑固，有點笨，但不會太笨。對錢財稍有遲鈍和耗財現象。武曲居廟時，仍有財。只是會勞碌、或事倍功半，做事績效差，對錢財的敏感力差。有時也會小氣，在處理事情和問題上，常弄不清方向或輕重緩急。會有想得太多，做得多，收獲少，或有煩腦傷身的狀況。

**當夫妻宮有『陀羅和武破』同宮時**，因武曲、破軍皆居平，陀羅居陷，表示配偶是窮又笨的人，而你本身是『天府、擎羊』坐命的人。本身命格就是『刑財』格局的人。且內心窮、小氣、又笨，會想一些窮方法來做事，自己所得之財利也少了。且自身享用的財也少，身體也會有病痛及傷災、刑剋、血光之類的事情發生。

**當夫妻宮有『陀羅和武相』同宮時**，武曲居得地之位，天相居廟，陀羅居陷，表示配偶溫和、不太聰明，稍有經濟能力。同時也表你的內心是略富裕，愛享福，但又有些不好的想法，會耗財又略有刑剋自己的福氣，理財能力不佳，有些笨和慢，做事會有小差池的人。

**當夫妻宮有『陀羅和武貪』同宮時**，是『刑財』又『刑運』的格局，表示你的配偶是性格強悍，固執，愛賺錢或愛掌權，但頭腦不算很靈光，錢財不多，會有專門職業，以武職最佳。而你本身是『天相、擎羊』坐命，是『刑印』格局的人，非常懦弱，易受人欺侮，故你喜歡性格強勢的人來做你的主宰。你內心希望有小康生活已十分滿足了。

**當夫妻宮有『陀羅和天府』的『刑財』格局時**，表示你內心中的財庫是磨破的。因此你會小氣、吝嗇、頭腦不夠用，或是太精明而失算。你的命宮中會有『貪狼和擎羊』兩顆星，這是『刑運』的格局，表示運氣不太好，保守，或是由於太煩惱和多想，內心糾結、鬱悶所造成的刑財、刑運。因此你一生中的財富不多，機會也沒別人好，會操勞，多傷剋刑耗。一生的順利度也不算好。同時你的配偶是有點笨、沒你精明、性格悶悶的，也會理財、存錢，但能力不算很好的人。

**當夫妻宮有『陀羅和太陰』的刑財格局時**，表示你的配偶性格上有古怪的敏感，大致上看起來笨笨的，察言觀色的能力差，容易遭人嫌棄和白眼。做事能力差，也不會存錢，有些耗財。知識程度和學習能力都會差。**太陰居旺時**，你的配偶稍有財，但財不多，會做薪水階級，同時你的內心也是敏感和遲鈍雙重糾葛，翻來覆去的人，一會兒又敏感，一會兒又遲鈍，對錢財更會耗財和進財慢，也會理財有瑕疵。**太陰居陷時**，表示你的配偶很窮又笨，工作能力很差，賺錢能力也差，對錢財也不會管理。同時你和他一樣也是心窮，對錢財不敏感，對感情也遲鈍，不願付出太多感情，人緣不佳，不知如何開拓人緣、機會，內心吝嗇，自私的人。

## 當夫妻宮有陀羅和官星形成『刑官』格局時

當夫妻宮有陀羅和紫微、太陽、廉貞、天梁等官星形成『刑官』格局時，表示你內心的想法上，在事業這方面會有一些不足，或負面的影響。你會對事業上的觀念不正確，以致於在工作方面不順利或無法高升至你滿意的位置。並且你的配偶在事業或工作上，也是差人一等的，或比別人稍笨一點，或是在工作上慢吞吞，有拖拖拉拉現象的。

**當夫妻宮有『紫破、陀羅』同宮時**，表示你的配偶是性格強悍，外表粗壯、個子不高，長相還可以，但言行粗俗、知識水準不高的人。且常破耗、根本不會理財、花錢多，賺錢能力也不太好，會做粗活的人。你的內心中也是一種喜歡表面漂亮高貴，但不重視內在殘破，凡事野心大，但不計後果，常常眼睛被糊住了，別人看得到的內在危機，而你看不到，因此常易被騙。你是心中有鬼而被騙。

**當夫妻宮有『紫殺、陀羅』同宮時**，表示你的配偶是外表強悍、瘦、頑固、腦子不太清楚的人。也是喜歡打拚賺錢，但永遠存不了什麼錢的人。同時你的內心是多謀略、多憂慮，但腦子不夠用，常做一些後悔事，消耗多，是心有餘而力不足的人。你是擎羊坐命丑、未宮，有武貪相照的人。本命就是『刑財』、『刑運』的格局，自然笨事會很多了。

**當夫妻宮有『紫相、陀羅』時**，表示你的配偶外表莊重，性格悶，又性子慢，外表即有一些笨笨的，但長相還端莊，受人敬重。理財能力和工作能力都略遜一籌，做武職較佳。你的內心中也是希望把事情做好，但頭腦糊塗、能力不強，有些笨和想不到，性格懦弱，要拚又怠惰。你是『七殺、擎羊』坐命的人，對宮有武府相照，本身即是『刑財』格局較嚴重的人，這種『刑財』又會是因腦子思想上、觀念上所形

成的問題，很難改得過來，故工作能力上，打拚能力上受到限制，工作自然不行了。

**當夫妻宮有『太陽、陀羅』時**，在辰、戌宮時，你的配偶外表粗壯，在巳、亥宮，你的配偶外表瘦、略矮。**在辰、巳宮時**，你的配偶外表開朗、寬容，但做事時常馬虎、拖拖拉拉，做不好。但事業仍有一定的格局，『馬虎和拖』只是性格上的小瑕疵而已。同時你也是內心有這種開朗、寬容、內心有些小是非，但又非常快過去的人。也會有愛拖和慢，馬虎的小毛病。

**在戌、亥宮時**，你的配偶外表悶悶的，不開朗，但性格溫和，有些笨笨的，在工作上常不順，斷斷續續，拖拖拉拉，常失業，理財能力不好，前途也暗淡無光。在你的內心中也是一種晦暗不明，常有頑固、笨的想法，做事不積極、腦子不清楚，你是『天機、擎羊』坐命的人，本身是『刑運』格局，又多陰險、多計謀、自做聰明、常惹人厭，故機會不好，人緣較差，內心的問題太多，刑剋也較重，一生的錢財也不多。

**當夫妻宮是『日月、陀羅』時**，你的配偶是陰晴不定，情緒多變的人。**在丑宮**，你的配偶是外表悶悶的、頑固、有些笨，內心強悍，但還有些財力，生活尚能小康的人。同時你也是愛多想、多是非、內心複雜，敏感，事業多起伏，斷斷續續，常對自己不利的人。**在未宮**，你的配偶是工作能力還好，但錢財少，較窮，也會有斷斷續續的現象，或是做些錢少事多的工作的人。你的內心也是重名不重利，頭腦不清楚、愛計較，但又計較不到什麼好處的人。

**當夫妻宮是『陽巨、陀羅』時**，**在寅宮**表示你的配偶是表面開朗，豪放，但是非多，口舌問題多，非常嚕嗦的人。也會用口才和一些笨方法來賺錢。同時你的內心也是自做聰明，用盡心機，但腦子永遠不夠

用，千算萬算，無法聚集財富的人。**在申宮**，表示你的配偶是工作能力不強，或不工作，腦子笨又強悍，但常又自己懦弱下來，是非不明又易招惹是非的人。你的內心也是在工作上、做人上，是非口舌，災禍都多，你會多計謀、憂慮，但全是一些不重要的事，對你的工作沒幫助，對賺錢也沒幫助。

**當夫妻宮是『廉貞、陀羅』時**，表示你的配偶是外表陰沈、悶悶的，內心多計謀、是非，有陰險的想法，但通常是有些笨和不聰明的想法。同時你的內心中也是多計謀、多想、陰沈、心悶、但儘是一些損人不利己的想法，對人對己都不利。

**當夫妻宮是『廉殺、陀羅』時**，你的配偶是性格強悍、較凶、又笨一些、悶悶的、話不多、做事辛苦，以勞力為主，用腦不多的職業。會有暴斃，猝死、離婚現象。同時在你的內心中也是腦子笨，不清楚，為

# 羊陀火鈴

人懦弱，反反覆覆，拿不定主意，人生多起伏不定，工作能力不佳，錢財也多破耗、留不住。

**當夫妻宮有『廉府、陀羅』時**，這是『刑官』和『刑財』的雙重格局，你的配偶是性格悶，有些笨，賺錢不多，事業有起伏，斷斷續續，有衣食之祿但成就不高的人。也會耗財多，有些錢賺不進來。同時你的心中也是有笨思想，會刑財、耗財多，工作能力稍弱的狀況。你是『貪狼、擎羊』坐命的人，本身是『刑運』格局，故機會不佳，也會刑財，一生財不多。

**當夫妻宮有『天梁、陀羅』時**，這同時也是『刑蔭』格局，表示你的配偶的年紀會比你大很多，或小很多。陀羅居廟、天梁居廟時，是比你大很多的，而且他是頑固，有些笨，照顧你不好的，也會和你是非多，工作能力不強，有些笨的。當陀羅居陷或天梁也居陷時，你可能找

到年紀比你小很多的配偶，配偶會笨又多是非，腦子不清楚，工作能力不強，要靠你養。他對你的幫助少。當陀羅居廟時，你是懦弱，拿不定主意，會貪一些小便宜，而找到起先認為會照顧你，但後來享受不到實質利益的人做配偶。一生多怨懟。當陀羅居陷時，你是性格強悍、想抓住你想得到的人，而婚後，彼此同床異夢，相互不瞭解，也無法互相照顧的人做配偶。

**當夫妻宮有『機梁、陀羅』時**，這是『刑運』又『刑蔭』的格局，你的命宮有擎羊陷落，對宮有同陰相照，你本身是『刑財』又『刑福』的命格，好爭又懦弱，爭不到。配偶也是機會不佳，又不算體貼，又有點笨和頑固，不聰明的人。因此過普通人的生活，你理應滿足了。一生財不多。

**當夫妻宮有『同梁、陀羅』時**，這也是『刑福』和『刑蔭』的格局。你的命宮有『太陽、擎羊』，你本身是『刑官』格局命格的人。因此你本身事業會多波折不順，配偶是溫和、笨一些，也不太會照顧人的人。但你們夫妻倆大致仍和諧。在你的內心中也是一種有些溫和、笨和慢吞吞，想享福又享不到，有一些是非糾纏，常搞不清楚人生目標和方向，中年以後會怠惰，人生成就差，一生也財不多。

# 羊陀火鈴

## 當夫妻宮有陀羅形成『刑運』格局時

**當夫妻宮有『陀羅和天機』或『陀羅和貪狼』形成刑運格局時**，表示你的配偶不聰明，有些笨。但經常是又笨又聰明，自做聰明多一些的形式的人。他們會機會不好，受到拖延和慢吞吞的影響，人緣也不太好，一生多起伏變化，人生不太順利。同時你也會內心對運氣和機會的敏感度不夠，常自做聰明，有的機會你不想要，有的錢財你不想賺，而讓你常損失一些機會和賺錢的企機。你會多想、多慮，而做事馬虎、不徹底，也會工作能力遭到質疑，工作上亦是一會快又急，一會慢又拖，影響到人生多起伏不定，以及工作有斷斷續續狀況的現象。

## 當夫妻宮有『刑福』格局時

**當夫妻宮有『天同、陀羅』或『天相、陀羅』為刑福格局。**你的配偶外表溫和，有些悶悶的，又有些笨，做事慢，愛拖延，能力不好，理財也差。有**『天同、陀羅』時**，表示配偶身體上有病痛或傷殘現象，福不全。同時在你的心中也是一種『福不全』的現象，你會操勞，但做事自我要求不高、馬虎、怠惰、拖拉、內心智慧不高，又常有心態不好的想法，因此一生成就不高。用心用力在一些鎖碎、不重要的事情方面，腦子有些糊塗。

# 羊陀火鈴

**夫妻宮有『天相、陀羅』時**，配偶是外表溫和、性格悶、話少的人，也會有笨想法和愛存錢，但能力差，存不住錢。或用笨方法存錢，但仍存不住。同時你的配偶也會『福不全』，身體上有病痛、傷殘現象。在你心中也是一種不願多花腦筋在正事上，常想一些顛三倒四的事情，腦子不清楚，做事沒方法，理財能力差，耗財多，一生成就也差，錢財也不多。

## 當夫妻宮有陀羅和殺、破、暗、劫等星同宮時

**當夫妻宮有『陀羅和七殺』同宮時**，表示你的配偶是頭腦頑固、笨又強力愛打拼的人。會做一些粗重、靠勞力、體力維生的工作。他是頭腦不聰明又有些糊塗、脾氣壞的人。而你自己內心中也是頭腦不清、懦弱、頑固，分不出事情黑白和輕重的人，因此一生起伏，工作斷斷續

續，耗財多，存不住錢，常做一些與錢財相離甚遠，或背道而馳的事情。一生中賺錢不多，做事慢半拍。

**當夫妻宮有『陀羅、破軍』同宮時**，表示你的配偶是長相既醜又笨，愛貪小便宜，又多是非災禍的人。他和你的爭鬥也很多，因此你會有多次婚姻，但總找不到條件好的人來結婚。同時在你的內心中也是聰明的古怪，其實很笨，做事沒有原則，反覆無常，多心機而無用，想得愈多，自己遭災還愈嚴重，腦子不清楚，內心爭鬥多，心態不好，因小失大。你也會內心窮，又有愚笨的想法，耗財多，或事情做不成。一生財富格局減低，不富裕。

**當夫妻宮有『陀羅、巨門』同宮時**，你的配偶是頭腦不清楚，有多重是非，性格悶、又笨又陰險、會暗中做手腳、挑起是非、災禍，愛不斷找麻煩的人。同時你的家中也無寧日，錢存不住。你也會有多次婚姻、感情生活上是非糾纏不清。你的內心中也是一種智慧低落，人際關係不好，對人挑剔、笨又複雜，專門想利用是非糾紛和災禍的方式來處理事情。

**當夫妻宮是『陀羅和地劫』或『陀羅和天空』時**，表示你不會結婚或婚姻關係不長。配偶是和你名存實亡，或是頭腦笨，有傷殘現象的人。你自己本身也是刑剋極重，工作能力不好，頭腦笨，智商不高，又常有異想天開，不實際想法之人。你會貧窮，不富裕，工作能力差。

## 第二節　遷移宮有『陀羅』對人的影響

**當遷移宮有陀羅時**，表示你周遭的人都較笨，做事動作緩慢，拖延，不積極。而且智商低，性格悶，有事不明講，愛搞一些暗地裡私下

的小動作，扯是非，使你不痛快。因為遷移宮會相照命宮，表示外在環境也會影響到你的性格。所以你也會心理悶，有事埋心中，有時顯出笨和緩慢的跡象。更會做事拖拖拉拉，多是非、糾纏，多傷災，和內心多不痛快的事。

**當遷移宮有陀羅形成『刑財』格局時**，就是陀羅和財星武曲、天府、太陰、化祿同宮時的狀況。

**當遷移宮有『武曲、陀羅』的『刑財』格局時**，因你的命宮有貪狼、財帛宮有擎羊、破軍，這是『刑財』和『刑運』的格局。因此你一生在財運和事業運上有不富裕的現象。手中錢財常不順，耗財多，花錢又大手大腳，存不住錢。有好的配偶，生活才會平順。在你周遭的環境中就是財不多的狀況。而且財會慢進，和拖拖拉拉，一拖財就沒有了。同時你的智慧不足，對錢財的敏感力不佳，在政治前途上也會停停頓頓，人緣、機會都會受挫。如果遷移宮是『武曲化忌、陀羅』時，金錢和政治問題的是非災禍更糾纏不清，一生難有平靜之日了。

**當遷移宮有『武貪、陀羅』時**，你是空宮坐命的人。這也是『刑財』和『刑運』的格局，你的財帛宮是『天相陷落、擎羊』表示是『刑印』格局。故你一生運氣不算好，錢財窮困，常賺不到錢，或拿不到錢，容易做白工。一生容易窮困，不富裕，但在丑、未年仍能暴發偏財運。暴發的錢財不會太多。因為本命財少的關係。

**當遷移宮有『武破、陀羅』時**，你是天相坐命巳、亥宮的人。你的外在環境中是既窮又笨的環境。你在財帛宮中有『天府、擎羊』是刑財的格局。故你一生賺錢少，有衣食而已，無法富有，也存不住錢，工作能力也不強，只會是小市民的生活，一生起起伏伏的辛苦度日。

**當遷移宮是『天府、陀羅』時**，表示你外在環境中是財庫有破洞，

根本存不住錢，破耗多，小氣、吝嗇的環境。理財能力也不好，花費大，入不敷出。你會是七殺或廉殺坐命的人，你的財帛宮會有『貪狼、擎羊』是『刑運』格局。表示在財運上運氣不佳。所以你一生賺錢不多，工作能力不強，成就也不大。

**當遷移宮是『太陰、陀羅』的『刑財』格局時**，表示你的外在環境是對錢不敏感，理財能力有瑕疵的環境。太陰居旺時，環境中還有財，但財不多，常拖延慢進。你周遭環境中的人，是敏感、多情，但表達有些遲鈍，會悶悶的，不太表達的。也會是做事緩慢，有些笨的。當太陰居平、居陷時，你外在環境中是窮困又笨的環境，周遭的人，也是感情淡薄，是非又多、又笨、心窮，對你不友善的人。因為你的財帛宮中都會有『巨門、擎羊』，表示你在錢財上多是非爭鬥，故你一生財不順，人生多起伏，生活層次不高。

**當遷移宮有陀羅和化祿同宮時**，是『祿逢沖破』，因此財少或無財。進財會拖拖拉拉，或拖延後而無影無蹤了。你也會保守、小氣、自私，人緣不佳，亦會失去機會和財運，一生多起伏、不順利。因為你的財帛宮有擎羊出現，在錢財上是不順利、多競爭、賺錢不多的。你只擁有生命的財，如果健康狀態好的話，仍可努力打拼，有好日子過。如果健康不佳，生命的財也被刑剋到了，會短壽、早夭，工作能力不佳，一生不富裕，生活不平順。

## 當遷移宮有陀羅形成『刑官』格局時

當遷移宮有陀羅和紫微、太陽、廉貞、天梁等星同宮時，稱為『刑官』格局。

**當遷移宮中有『紫破、陀羅』形成『刑官』格局時**，表示你外在的

環境中，是表面高尚，但爭鬥多，且是窮鬥、窮爭的惡鬥場面，根本爭不到什麼利益的環境。你周遭的人也是外表長相氣派，但性格粗鄙、言行、品行不佳、又笨又愛表現的人，常自暴其短。你也時常很笨，常聽信這些人的話而有破耗。在你的財帛宮中有『天府、擎羊』，這是『刑財』格局，因此，你一生存不住錢，耗財多，賺錢也賺不多，但有衣食而已。你在工作表現上也不會太好。

**當遷移宮有『紫殺、陀羅』時**，表示你外在的環境中是用笨方法來忙碌打拼，忙了半天，收獲不多。你周遭的人，也會是地位高，表面看起來不錯，但做事拼命，腦子笨，用不對方法做事的人。你的財帛宮中有擎羊獨坐，會賺流血、流汗的錢，很辛苦，但不一定存得住錢。你也會賺不該賺的錢，影響到自己的前途。你本命是『刑財』格局的人。故會因觀念想法的問題，工作不順利或斷斷續續，職位不高，也易遭解雇

# 羊陀火鈴

失業的危機。

**當遷移宮是『紫相、陀羅』的『刑官』格局時**，表示你外在的環境亦是『刑福』的格局。在你周遭環境中表面上是高尚、平和的，但有是非、爭鬥，也會有一些外表，溫和、氣派，會孜孜不倦的工作，但腦子有些笨和頑固的人。你是破軍坐命辰、戌宮的人。你的財帛宮有『七殺、擎羊』。因此錢財上受刑剋，本命財不多。亦會辛苦賺也賺不到。工作有斷斷續續的現象。手邊錢財也常不順。你會是愛享福，但又操勞的人。

**當遷移宮是『太陽、陀羅』的『刑官』格局時**，表示在你周遭環境上，就是一種不利於工作和發展事業的環境。爭鬥和是非多。周遭的人都是性格寬宏、馬虎、自我要求不高，有私心、怠惰、偷懶、做事不負責任，陽奉陰違的人。太陽居旺時，尚會有事業，但不順利。太陽居陷

時，工作能力不強，又笨，行事粗率，不會有成就。

**當遷移宮是『廉貞、陀羅』的『刑官』格局時**，此時廉貞居廟、陀羅居陷，表示你外在的環境是具有政治爭鬥、是非多的環境，而且多做型態笨拙的爭鬥。周圍環境中的人，也多半是頭腦笨，又有陰謀，喜暗鬥不停的人。命、遷二宮形成『風流彩杖』格，你也會喜貪小便宜，或因情色問題，一生成就不高。你的財帛宮中有破軍、擎羊，一生財不順、耗財又多，賺錢能力不強，本人又笨，常做笨事，也會用笨方法和人暗鬥，使自己陷於不利的環境狀況。你也會做正事上無擔當，一生無大成就。你的長相也很抱歉，唯一好的是會有多金的配偶來照顧你的生活。

**當遷移宮是『廉貪、陀羅』時**，這是『刑官』又『刑運』的格局。周圍環境很差，你處處惹人討厭，人緣不好，你又覺得周圍的人很笨。

但你自己也笨，一生沒有大發展。遷移宮是『風流彩杖』格，易受強暴或因色情事件而遭災，一生環境差，你也處處遭人嫌，品行不佳，一生難有成就，財帛宮有『天相、擎羊』是『刑印』格局，表示賺錢取財常遭欺負，不能掌財權，故一生享用也不多，耗財凶、理財能力不佳。

**當遷移宮是『廉殺、陀羅』時**，表示你周圍環境是爭鬥多，凶險，會有意外之災，會有暗鬥，凶惡的環境。外在環境中的人，也是性格悶悶的，腦子笨、頑固，但會死命做事，錯了也不願改的人。同時在你的性格中也會具有上述特質。你在財帛宮中有擎羊獨坐，是刑財格局。你雖是天府坐命的人，但仍財不多，且因有意外及車禍事件喪命，一生以薪水階級的薪俸過日子，會平順。

**當遷移宮是『廉府、陀羅』時**，你周圍環境中是稍有一些財，但財不多，智慧較低落的環境。周圍的人也是性格悶，腦子不夠用，有些

笨，層次不高，稍有小財的人。你的財帛宮中有『貪狼、擎羊』，是『刑運』的格局。因此你在財運上機會差，故你一生的財富少，工作能力受到限制，有普通人小康的生活應已滿足。

**當遷移宮是『天梁、陀羅』時**，表示你周遭環境中是頑固，是非多，貴人不現，愚笨，名聲不顯，貴人會多招是非、或用笨方法來幫你，使你頭痛的環境。同時你的性格中也有上述現象。在你的財帛宮中有擎羊出現，常會形成『刑福』、『刑官』、『刑運』的刑剋現象。因此錢財不順、賺錢少，也會有意外的消耗。你的本命財少，一生無大發展，多讀書才會有益，做公職、薪水族才能生活平順，有飯吃。

## 當遷移宮有陀羅形成『刑運』格局時

當遷移宮是陀羅和天機、貪狼同宮時，會形成『刑運格局』。

# 羊陀火鈴

**當遷移宮有『陀羅、天機』同宮的『刑運』格局時**，表示你外界的環境是快慢不一，時有起伏、停頓交錯，弄不清楚是好是壞，情況常變化的。同時你周遭環境中的人也是頭腦不清，常矛盾，有時聰明，有時笨，常讓人唉聲嘆氣的。並且在你本身也會具有上述特質。你也會拖拖拉拉，做事慢又愛拖延，性子慢半拍，凡事不積極。運氣不好，愈變愈拖、愈壞，最後運氣沒了。你的財帛宮有擎羊，因此一生錢財不順，為『刑財』格局，一定要做薪水族，有工作就有飯吃，否則錢財不順，會窮困。

**當遷移宮有『陀羅、貪狼』同宮時的『刑運』格局**，表示你周圍環境中運氣停滯，且頑愚，人緣、機會都不好。有『廉貪陀』『風流彩杖格』的人，會因色情事件而遭災，影響一生。有『武貪、陀』格局的人仍會有暴發運，但會慢發或發得較小。在你的周遭環境中是保守、悶悶

的，貪心會貪到不好的事情上面去，而遭災。運氣不順暢，難開展。你的財帛宮有擎羊，故錢財會不順，工作會斷斷續續。財帛宮有『廉相羊』『刑囚夾印』格的人，易失業，或領不到薪水，且易有錢財官非。財帛宮有天相、擎羊的人，錢財上易受欺負。易會領不到錢，且無法主掌自己所賺來的錢財。

## 當遷移宮有『刑福』格局時

當遷移宮有陀羅和天同或天相同宮時，為『刑福』格局。

**當遷移宮有『天同、陀羅』同宮時的『刑福』格局**，表示你外在環境中，是溫和，有些笨和慢吞吞的環境。周圍的人也是溫和，有些笨，做事不靈光，悶悶的，話少，內心糾葛，藏是非心事的人。同時你也會具有上述特質。你的財帛宮中有擎羊，會和官星太陽同宮，形成『刑

官』格局。因此你由工作上賺得的錢財是少的，工作不力。做公務員、薪水族才會生活順利。你會一生操勞多。

**當遷移宮有『天相、陀羅』同宮時**，是『刑福』格局，不稱『刑印』。表示你外在的環境會溫和、笨一些，理財能力差，做事能力差，精明度差。你周圍的人也是外表老實又笨的人。你也會有上述特質。你的財帛宮有『七殺、擎羊』出現，表示賺錢辛苦，又賺不到錢，因此手中會困窘，也會耗財多，不善理財，更會花錢不心痛，大手大腳，沒有金錢觀念，靠人過日子，工作能力不佳。

**當遷移宮是陀羅『刑蔭』格局時**，是陀羅和天梁同宮，表示外在環境中的貴人很笨，用笨方法幫你，愈幫愈忙，根本幫不上忙。因此對你無益。此格局同時也是『刑官』格局，請看前面『刑官』格局的部份解說。

## 當遷移宮是陀羅和殺、耗、暗、劫等星同宮時

**當遷移宮是『陀羅和七殺』同宮時**，表示你外在環境惡劣，是又笨、又頑固，又強力愛死拼的環境。周圍的人都對你很凶，常用笨方法來剋害你。你也不算聰明，會老實的受剋害。你亦會有意外車禍等傷災，易喪命、有血光。也會身體不佳，有傷殘現象。你的財帛宮有擎羊出現，亦會賺錢辛苦、不順。你本身是『刑財』的格局，因此工作上亦會斷斷續續，一生財富不多，小康而已。

**當遷移宮是『陀羅、破軍』同宮時**，表示你外在的環境是破破爛爛，又笨又破的環境。周遭的人也是品行不佳，又笨、粗俗之輩。你的財帛宮也會有擎羊，形成『刑財』格局，你一生辛苦，多傷災，車禍事件，亦會事業及賺錢上有中途斷斷續續的困擾。

**當遷移宮是『陀羅、巨門』同宮時**，表示你外在環境中是非多，災

# 羊陀火鈴

禍多，爭執多，有雙重是非爭吵，不安寧。但也會暗鬥凶，常兩敗俱傷。你周遭的人常不講理，愛挑剔，挑起是非。你的財帛宮有『天梁和擎羊』，因此你在財運上無貴人幫助，或是有陰險的貴人不好好幫你，反而阻礙你的財運，你也會用傷害名聲的方式來賺錢。因此財運機會上很差，只有做薪水族，有工作就有飯吃，一生無大發展。

**當遷移宮有『陀羅、地劫』或『陀羅、天空』時**，表示你外在的環境不好，是又頑固，又笨、又拖延，是非多，不平靜，傷災多、破耗多，把一切都刑剋掉了，毫無機會、運氣可言的。外在環境破爛、複雜、窮困，但這些破爛的條件存在時，人還存在。破爛的條件消失時，人也不在了。你容易出家，入宗教為宗教職的人員。否則會短命，夭壽，早亡。

## 第三節　陀羅在福德宮對人的影響

當陀羅在福德宮時，其人腦子不聰明，常煩惱，有事藏心中，心中多是非環繞，心情不平靜，愛東想西想，無中生有的是非常盤據在心，容易有精神耗弱的現象，也易生精神疾病。心情不開朗。你的官祿宮中會有擎羊進入，表示在事業上易爭鬥多，不順利，工作會起伏不定，或斷斷續續，賺錢也會少了。福德宮有陀羅，表示你是因腦子笨、又頑固，自找麻煩而影響福德，享受也會少了。當福德宮的陀羅居廟時，表示你還不只是頑固、笨而已，還有強悍自主、不聽別人意見，但心態上會懦弱，有時會委曲求全，仍能享受一些剩下的福氣。當陀羅居陷時，表示你強勢愛爭，又笨和頑固，根本無法享受到福氣。而且在你的思想

# 羊陀火鈴

中還有一些壞的思想和觀念，是損人不利己的想法，更會危害你的智慧和福德，因此你在享受財運和人生幸福上也享受不多。

**當福德宮的陀羅形成『刑財』格局時**，也就是福德宮有陀羅和財星如武曲、天府、太陰、化祿、祿存同宮時的狀況，為『刑財』格局。

**當福德宮有『武曲、陀羅』時**，你會頑固，對錢財敏感力差，表示你天生的財源受到刑剋。生命中『財』的格局不大。你仍然會有『武貪格』偏財運，但會慢發或發得小。你在官祿宮中有『破軍、擎羊』，表示天生智慧不高，喜用陰險爭鬥的方式來賺錢、得財。你的『夫、官』二宮也會形成『刑印』格局。實際上在內心也是懦弱，反覆不定的，因此你在工作能力上會受到考驗，人生不是挺順利的，會多起伏，所得到的財不多，享用到的也不多。

**當福德宮有『武貪、陀羅』時**，這是『刑財』，又是『刑運』的格局。你會頑固，對錢財和運氣的敏感力較遲鈍，但仍會有一些財運。也會有一些慢發或發得小的偏財運。在你的官祿宮有『天相、擎羊』的『刑印』格局，故你一生在工作上不能掌權，職位不高，會是小職員，或不工作。能力不強。你的財帛宮又是空宮，因此一生財運不繼，生活較困苦。只能等待暴發運的來臨才會稍好一點。

**當福德宮有『武破、陀羅』時**，你天生窮困、勞碌。你的官祿宮有『天府、擎羊』，事業上是『刑財』格局。故你一生賺錢不會太多，也存不住錢。工作會斷斷續續，一生勞苦，享受不多。也會心窮、吝嗇。但有工作便能衣食平安。

**當福德宮有『武相、陀羅』時**，表示你在錢財的來源上有一點，但不算多。這是『刑財』和『刑福』的格局。你的官祿宮是『七殺、擎羊』，表示工作上多爭鬥，十分辛苦，賺錢不多，且耗財凶，不會理

財，雖然你的運氣好，外在環境也不錯，但天生財少一點，因此也無法成為大富格局。

**當福德宮有『陀羅、天府』同宮時的『刑財』格局**，表示你天生愛享受物質生活，但享受不多，或是享受的不太好，有些享受是粗俗、不高級的享受。你命中的財會有一些，但不多，你的官祿宮中有『擎羊和貪狼』入宮，是『刑運』的格局，故在事業上運氣不好，財運更差一些。故一生有小康格局就很不錯了。

**當福德宮有『陀羅、太陰』同宮時的『刑財』格局**，表示你天生對金錢和感情遲鈍，**太陰居旺時**，還有一點財，是薪水的財和儲蓄的財，要辛苦的存或辛苦的賺才會有財。你在感情上雖遲鈍，表達能力不好，但內心仍有情份，人緣不致太壞。只是你天生會遇到笨女人而已，你也會敏感但悶在心中不說出來。你的官祿宮會有擎羊，表示受薪工作不順

利，會斷斷續續，或不工作。事業起伏大。一生財不多，但仍能過小市民的薪水族生活。**當太陰居陷時**，你天生命窮，腦子又笨，敏感力不足，官祿宮有擎羊，會『刑官』或『刑福』，或是多爭鬥，一生工作更難順遂，生活會貧窮，錢財少，工作辛苦、或中斷，一生困難多。

**當福德宮有陀羅和化祿同宮時**，皆是『刑財』格局，為『祿逢沖破』。因此錢財少，你也會保守、愚笨、小氣、吝嗇，對錢財的觀念不好。本命財少，又會進財慢，拖拖拉拉。倘若化祿的主星是財星居旺以上的旺度，財還有一些，不會被刑完，倘若化祿的主星不是財星，或是財星居平、居陷，就根本財少，和無財了。一生會辛苦勞碌，為生活奔忙。

## 當福德宮有陀羅形成『刑官』格局時

福德宮有陀羅和紫微、太陽、廉貞、天梁等官星同宮，形成『刑宮』格局。

**福德宮有『陀羅、紫殺』同宮時的『刑官』格局**，表示你天生愛享福，但又享不到福，會自命高尚又辛苦、勞碌、愚笨、身體多傷災，工作也不順利，你是天相陷落坐命卯、酉宮的人，天生的環境差，工作能力也差，命格就是財少之人。故一生辛苦無發展。天生在事業上的機會不多，只能做低下或與血光為伍的工作。

**福德宮有『陀羅、紫破』同宮時的『刑官』格局**，表示你天生喜歡好的、高級的東西，但腦子笨，不知是否是需要的，全都愛買、愛破耗花錢。你的腦子中也有不好的思想，你也會忙碌一些無益的事務。你的官祿宮是『天府、擎羊』，是『刑財』格局，故你一生賺錢不多，工作不長久。也存不住錢。也享受不到什麼好事。

**福德宮有『陀羅、紫相』同宮的『刑官』格局時：**表示你喜歡享受高級的衣食之祿，但腦子笨，享受的不多。你的官祿宮有『七殺、擎羊』，工作不長久，爭鬥多、辛苦做武職好，生活能平順。做文職，會中途離職或失業，無工作。你的工作能力不強，且多爭鬥，你頭腦不清，賺錢少。已婚者，可靠配偶過活。

**福德官有『陀羅、太陽』形成『刑官』格局時：**表示你天生腦子不好，工作能力不佳，事業多起伏不定，你常對事情不積極、不在乎，凡事大而化之而刑剋事業。你的官祿宮有『天機、擎羊』，表示一方面你有怪聰明，怪的敏感力，其實表現出來的是不聰明的狀況，而且運氣不好，在工作上是非爭鬥多，愈變化鬧得愈凶。你在事業上會起伏不定，

# 羊陀火鈴

賺錢不多，薪水不穩。要有工作才有錢財衣食，故也是財不多的狀況。

**福德宮有『陀羅、廉貞』同宮時的『刑官』格局**：表示你天生腦子笨，愛多想，但沒有創造力和企劃能力，比較笨。你的官祿宮有『破軍、擎羊』，工作會破耗或失敗，也會斷斷續續，中斷或不工作。因此你會比同命格的人賺錢少，事業發展也較不順利。

**福德宮有『陀羅、天梁』同宮時的『刑官』格局**：表示你天生性子慢和笨，缺乏貴人，或遇到笨的貴人，幫不了你的忙，你也會難出名，事業有起伏。在你的官祿宮中有擎羊出現，賺錢辛苦，只適合做與血光或刀器為伍的工作，但錢財獲得沒有同命格的人多。也算是財少之人。工作上也會斷斷續續，中途換工作或失業。

## 福德宮有陀羅形成『刑運』格局時

**福德宮有『陀羅和天機』同宮**，形成『刑運』格局時，表示你的腦子，一會快，一會慢，一會聰明，一會笨，反覆無常。你也會天生運氣不佳，運氣停滯不前。更會聰明的不是地方，人緣不好，惹人討厭。你的官祿宮有擎羊，事業會競爭多，不順利。工作會斷斷續續或失業、不工作。錢財也少。

**福德宮有『陀羅、貪狼』的『刑運』格局：**表示你天生人緣不好，腦子笨、運氣停滯，財運也會減少。你的官祿宮會有『天相、擎羊』，是『刑印』的格局，表示你在工作上無法掌權做主，有懦弱，易受欺負的狀況。因此在工作上你的職位不高，薪水不多，一生的格局也不大。

## 福德宮有陀羅形成『刑福』格局時

**福德宮有『陀羅和天同』同宮時的『刑福』格局時**，表示你天生溫和、腦子笨，你的官祿宮中有『太陽、擎羊』是『刑官』的格局，天生在工作上就受到限制，能力不佳，故賺錢不多，多勞碌而享不到財福。

**福德宮有『陀羅、天相』同宮時**，表示你天生溫和，愚笨，理財能力不佳，你的官祿宮中有『七殺、擎羊』，一生工作上爭鬥多，不平順，工作也會斷斷續續，中斷或失業。天生財不多。工作能力也不佳，享受的福氣少，是勞碌而福不全。

## 福德宮有陀羅和殺、耗、暗、劫等星同宮時

**福德宮有『陀羅和七殺』同宮時**，表示你天生腦子頑固、笨，而且

會鑾幹。辛勞多而收獲少，你的官祿宮有擎羊，故工作不順，會斷斷續續或失業，或做低下，與血光或刀槍、鐵器為伍的工作，職位不高。做武職較有薪金可拿，生活較平順。你一生財少，多勞碌，身宮又落在福德宮者，會做奴僕或侍奉人的行業。

**福德宮有『陀羅和破軍』同宮時**，表示你的腦子笨，命窮，又用腦不多，會想一些不善的念頭。你天生破耗多、勞碌、財少。你的官祿宮中有『天府、擎羊』是『刑財』格局，因此賺錢不多，身體也不好，會刑到生命之財。亦會短壽。

**福德宮有『陀羅、巨門』同宮時**，表示你天生是非多，糾纏多，頭腦亦不聰明，愛惹是非。你會想得多，心境不清靜。你的官祿宮有『天梁、擎羊』，表示是『刑蔭』格局，無貴人幫助，也無名聲可顯達，因此一生沒沒無名，財少，你也和長輩、上司不合。要有工作、有薪水可

拿，一生才會平順。

**福德宮有『陀羅、地劫』或『陀羅、天空』**：表示你天生愚笨、頭腦空空，適合做僧道之人，無法享受世間富貴。你的官祿宮中有擎羊，表示智力陰險，但工作能力不佳，會無工作或中途失業及不工作。你在宗教場所也會多是非，且易早夭或身體不佳。

# 第九章　陀羅在『兄、疾、田』及『父、子、僕』對人的影響

當陀羅在『兄、疾、田』和『父、子、僕』這兩個三合宮位來說，相對是對人的影響較小一點的。陀羅在對『兄、疾、田』一組的三合宮位來說，是影響到輔助生財的力量和儲存財的力量（包括了儲存生命之財（健康）等），而陀羅在『父、子、僕』這一組三合宮位中所影響的是傳承的力量，才華的延續，以及人際關係方面的輔助力量。

## 第一節　陀羅在兄弟宮對人的影響

**有陀羅在兄弟宮時**，兄弟就蠻橫，較笨，和你無緣，也會無兄弟。你的兄弟性格悶悶的，智慧不高，和你多是非口舌、爭吵，你的命宮有祿存，父母宮有擎羊，因此你是被羊陀所夾，內心孤單，保守，小氣，常覺得別人會欺負你，很不甘心，常希望能得到公平的對待，你的父母也對你凶，因此你自覺可憐。你會性格吝嗇，和家人關係不好，和外人也會有距離。一生較孤獨，人緣和機會也會減少。你一生辛苦勞碌，賺自己的衣食之祿。**陀羅居廟時**，表示兄弟姐妹是強勢、頑固、性格悶，但自有主見，凡事蠻幹，父母是既凶又懦弱、家人是無法溝通的。**陀羅居陷時**，表示兄弟姐妹是陰險狡詐，表面說一套，暗中做一套，陽奉陰

達，你根本無法控制他的。他也會心態不好，對你做出許多不利的事，是非糾纏不清，父母是強勢嚴剋的，你和家人的緣份更薄弱。

**當兄弟宮有陀羅形成的『刑財』格局時**，表示兄弟姐妹是因頭腦笨、理財能力不佳，或賺錢賺不到，拖拖拉拉，而有錢財上的問題。他也會因為錢財問題和你不和。你們會因錢財問題情份少。有『武曲、陀羅』時相剋嚴重，也會產生政治鬥爭、爭產等狀況，是一種暗鬥。有『天府、陀羅』時，兄弟會讓你的財庫像磨破了一個大洞一樣，常常漏財招災。他常會幹一些蠢事，讓你幫忙善後。或是兄弟姐妹表面對你很好，但遇到事情時，他就會陰險的自保，棄你於不顧。有**『太陰、陀羅』時**，兄弟是感情及感覺遲鈍的人。他們是薪水族的人。**太陰居旺時**，兄弟間還有一些情份在，兄弟頭腦轉不過來。兄弟也會略有財力。**太陰居陷時**，兄弟間無情份，且多是非糾纏，兄弟是頭腦不清，窮困，

能力不好的人，你們會少來往，緣份薄。

**當兄弟宮的『刑財』格局是陀羅和化祿同宮時**，是『祿逢沖破』。若是財星居旺帶化祿，仍會有財。而陀羅居廟時，只是有頑固、拖延之勢。若是其他的星曜帶化祿和陀羅同宮，則財少，尤其陀羅居陷時，會有是非磨難，財更少，人緣、機會也更少，會悶悶的，被磨平了。

**當兄弟宮是有陀羅的『刑官』格局時**，表示兄弟姐妹的感情多是非，起伏不定，而且兄弟的事業不佳、頭腦不清，官星居旺時，會是普通上班族，事業有起伏。官星居陷時，職位不佳，工作有斷斷續續現象，或根本不工作，依賴家人養。

**當兄弟宮是有陀羅的『刑運』格局時**，表示兄弟中有些聰明，有些笨。運星和陀羅居廟、居旺時，表示兄弟中還有能出頭者，運氣好一點的人，只是頑固、和你不和而已。若運星居平、陷落，陀羅也居陷，表示兄弟都是運氣不佳，頭腦不清楚，一生沒發展，不聰明或聰明無用之人。

**當兄弟宮有陀羅的『刑福』格局時**，表示兄弟中有外表溫和，但又懶又笨者，或是有傷殘、病痛現象者，他與你不和，常有是非口舌。你覺得他是悶悶的、笨笨的人。

**當兄弟宮有『陀羅和七殺』同宮時**，表示無兄弟，或有一人，是笨又凶悍、殘暴的人。並且陰險，性格悶又笨。你和他彼此關係不佳，少來往。

**當兄弟宮有『陀羅和破軍』同宮時**，表示兄弟二、三人，兄弟中有傷殘或頭腦笨，有精神病者，或會有行為乖張、品行差的人，你和兄弟間感情惡劣。

**當兄弟宮有『陀羅和巨門』同宮時**，表示兄弟一、二人，兄弟是頭腦不清，多是非爭執，兄弟感情不佳，常為你帶來是非糾纏者。

**當兄弟宮有『陀羅、天空』或『陀羅、地劫』時**，表示無兄弟，或有兄弟一人而不來往。彼此嫌惡。當兄弟宮有『陀羅、天空、地劫』三星同宮時，無兄弟。

羊陀火鈴

## 第二節　陀羅在疾厄宮對人的影響

**當疾厄宮出現陀羅時**，表示多傷災、車禍、血光。有牙齒和牙齦的傷災或齲齒、蛀牙。也會有左手左腳的傷災，更會扭傷，鈍傷，或有精神上長期折磨，不開朗、有精神疾病。

**有陀羅在疾厄宮**，多半出現磨破了的疾病，如胃潰瘍，或手足痙傷，也會病拖很久才會好。更會慢慢隱藏很久才顯露出來。爆發病情時

就己很嚴重了。還會糾纏很久，難退去。

**陀羅在疾厄宮**，亦主肺病、吐血、有濕氣、羅鍋（背部突出），頭面有傷，白癬瘋、鐵石之傷，和筋骨酸痛、痛風等病症。也會生怪病如魚鱗癬等，一生糾纏人不停的病症。

陀羅在疾厄宮對人的影響是減低及消耗其人的生命之財（指健康）。它會用各種古怪的方法來拖延或拉扯、消耗、降低其人原有的生命之財。使生命縮減或使人的打拼力量減弱，使其人生的財富減少。**當陀羅居廟時**，表示病症明顯的現出來於身體外表之上，很頑固，是頑疾，但有耐心，可醫治，只是要花太多的精神與精力、金錢來相對抗。**當陀羅居陷時**，表示病症暗藏，洶湧起伏，時好時壞，很難醫得好，常會復發，耗下去精力與金錢，也沒辦法保證痊癒。

**當陀羅與別的星一起同宮在疾厄宮時**，陀羅仍保有它原先所帶有的病症內容，但會拖延或拖累，其他星的病情。例如陀羅和貪狼在疾厄宮中，會有性病，也會有頭面、手足和牙齒的傷災，其人更會有筋骨、神經方面的毛病、肝病等問題。但對於性病、肝病、神經不良等病就會拖很久，無法根治。

## 第三節　陀羅在田宅宮對人的影響

**當田宅宮出現陀羅時**，表示你的房地產不易留住，多是非糾纏。你所住的房子易殘破、雜亂或在住處附近有亂石，碾磨場、斷牆，墓地之類的地方。你所住的區域是文化水平不太高之處。同時也表示你家中的人，是頑固，不聰明，有點笨，內心是非糾葛，但藏於心中，並不說出來的人。你們心中有嫌隙，但不表明。

**當田宅宮出現陀羅時**，你會買法拍屋或銀拍屋，買一些原本有麻煩和糾紛的房子。以為便宜可省錢。但事後卻有更多的麻煩，有些麻煩是新衍生出來的，最後你仍損失或賣掉。田宅宮有陀羅時，你對買舊房子和住舊房子不排斥，也不在乎它的殘破，認為只要修復和裝璜一下就可以改頭換面了。所以你買的房子，多半是需要再加工，再多一些麻煩手續的。

**女人有陀羅在田宅宮時**，會有子宮方面的問題，有宿疾拖拖拉拉的好不了。如子宮內膜異位或子宮頸癌，或赤、白帶，子宮發炎等狀況。也會影響生育。

**當田宅宮的陀羅居廟時**，你的房地產會進進出出，但老年時還能至少留一棟。表示房地產是因你的頑固與失算而耗財的，財庫有磨破的狀況。家中的人是頑固、強悍、不好對付、不好溝通。當陀羅居陷時，你

的房地產失去的快，也很難再擁有。也會買進賣出，最終無一屋。更表示你的房地產是因你的頭腦不靈光、愚笨、或根本不想擁有而留不住的。你的財庫有很大磨破的破洞，正快速的漏財、耗財，其現象比你預期的速度快。你很難留得住與存得住錢財。

**當田宅宮中有陀羅時**，你的僕役宮會有擎羊。表示你的家中人和外面的人都對你不好，會刑你的財。因此你的財庫不保。在你買房子和儲蓄時，最好自己做主，以免被他人知道，來劫財和耗你的財。你會有祿存在官祿宮，會做保守、錢不多的薪水工作，一生小心謹慎。更要小心你的財庫不要破太大的洞，人生才會平順。

## 第四節　陀羅在父母宮時對人的影響

**當父母宮出現陀羅時**，表示你對父母的看法是：覺得父母很笨、又頑固、不好溝通。你的父母很可能是知識水準不高，智慧也不開化的人。他們的外表長相也不夠體面，言行舉止較粗俗。父母也會是沒名氣，沒地位的普通人。

**當陀羅居廟時**，你是懦弱的，好說話的，父母是強悍、頑固的人，你很難去說服他。**當陀羅居陷時**，你是強硬的，父母是懦弱、能力差、耳根子軟，常情緒起伏、不佳的。你也很難去掌握父母情緒的。你和父母的關係是說不清楚、糾葛不清的。你雖覺得父母笨，又不好相處，但仍會住在一起，感情好好壞壞、拖拖拉拉，是是非非，閒言閒語，彼此糾纏不清。**當陀羅居廟時**，你和父母有暗中默認的某些規矩、互不侵犯。**當陀羅居陷時**，你和父母彼此看不對眼，也可能不往來，或見面爭執凶。

**當父母宮有陀羅時**，父母沒辦法幫助你，你的上司、長官，以及長輩級的人都對你幫助少。因為你覺得他們太笨，無法幫助你而不會尋求他們的幫助。當父母宮有陀羅時，你的田宅宮定有擎羊，表示家中多爭鬥不寧，也許就是父母不合，相互吵鬧不休。你的福德宮中有祿存，表示你很孤獨，根本不想參與爭鬥。因此父母笨到不合，愛吵架時，你的財庫就不保了。這種影響也真是很大的了。

## 第五節　陀羅在子女宮對人的影響

**當子女宮出現陀羅時**，表示你對你的子女的看法是：覺得子女很笨，又頑固，難溝通。你的子女很可能智力沒你高，做事慢吞吞，個性沈悶，有事不說出來，也會知識水準低，言行粗俗。他們的外表也會粗壯或瘦。也容易是沒名氣，沒地位的普通人。

**子女宮也代表你才華的展現**。故當子女宮有陀羅時，你的才華少，是粗陋不佳的。你也會做事慢吞吞，心內複雜，多是非，做事做不好，成就也不好。只能做些粗活、不精細的事情，智慧不算高。

**當子女宮有陀羅時**，你的擎羊在兄弟宮，而祿存在夫妻宮，表示你和兄弟、子女皆不合，你是內心小氣、吝嗇、自私的人。你和你的配偶皆是小氣、自私的人，不會把太多感情或利益分給身旁的人。因此你的人緣也不好，你不想和人嚕嘛，照顧自己就很好了。因為有這種想法，故人緣、機會就少了。再加上本身的才華愚鈍，因此一生的錢財就少了。也很難成為大富翁。

**當子女宮的陀羅居廟時**，你的子女性格強、固執。你也會在才華上固執己見，不聽別人勸告或不讓別人修改你的作品。但你對同輩之間的態度是懦弱的，對下屬和晚輩的態度強硬。**當子女宮的陀羅居陷時**，你的子女性格懦弱，悶聲不吭，但內心反抗心強，會與你暗中作對，替你找麻煩。同時你也會才華低落，表面上順從別人的意見修改作品，但私下搞破壞，或做反叛之事。你對同輩的態度強硬，對下屬的態度卻懦弱，假裝好意，暗中再打壓及修理他。

# 第六節　陀羅在僕役宮對人的影響

**當僕役宮有陀羅出現時**，表示你的朋友和部屬是頭腦不聰明和笨的。也表示朋友的性格多悶悶的，多是非，且不表明，會暗中產生許多是非，你和他們的關係不好，他們常對你磨難，或做事拖拖拉拉，或使你耗財，或使你運氣不佳，很讓你厭煩。

**當僕役宮有陀羅出現時**，你的疾厄宮會有擎羊，你的遷移宮中會有祿存，表示你的身體不好，會有孤獨、小氣、人緣不好，自私的環境，使你無法展開人際關係。你會太保守，固步自封，害怕和人有瓜葛、有是非而自困。如此也容易失去賺錢機會，影響人生財富的獲得。更會因為身體不好，傷害生命的財，使人生格局變小，也會早夭，或多遇凶

### 羊陀火鈴

災、傷災。

**當陀羅居廟在僕役宮時**，表示你的朋友和部屬是頑固、強悍、不好溝通之人。也會堅持將錯就錯，不肯改變，使你頭痛。但你會懦弱，自己肯改變，來適應他們，也未嘗不是好事。

**當陀羅居陷在僕役宮時**，表示你的朋友都是品行不太好、有瑕疵，會陽奉陰違，頭腦笨又愛做怪的人，危害你較深。他們也會頭腦不清，成事不足、敗事有餘。暗中做一些傷害你、背叛你的事情。

# 第十章　火星的善惡吉凶

火星又名大殺將，為南斗浮星，在數主凶厄，又稱『殺神』。由火星這麼多的名稱封號聽起來，就知道它是一顆刑星、煞星了。的確！在一般時候，它是對人不利的。火星入人之命宮，居廟（在寅、午、戌宮），長圓形臉，中等稍壯的身材、肌肉結實、膚色深，有古銅色皮膚，有健康美，小長圓臉、性格急躁、衝動、剛強、速度快、用腦不多、思慮不周全，常有意外之災，脾氣急躁，易與人衝突，但也常有意外之財。

火星居陷入命時，（在申、子、辰宮），其人矮瘦，有痲面或傷殘，毛髮怪異，多紅黃色，性情急躁，剛強且狠毒，多邪淫是非，是外虛內狠之人。

## 第一節　火星的吉凶內含

火星無論入哪一宮，都有速度快、衝動、用腦不多，計劃不周全、馬虎、粗躁、做事速戰速決，凡事等不及、性格激烈，容易生氣，爆發脾氣，愛爭強鬥狠，不喜歡被束縛，做事有頭無尾，但又講求快速效率，卻不講求質感，容易奔波、勞碌、一事無成，破耗多、是非多。有些是非是自己本身做事太馬虎、衝動所造成的。所以常有意外之災，也是必然現象。但是要看星度旺弱來定是非傷災的深淺。**火星居廟時**，是急躁不安定的狀況，倘若有吉星、福星，性子慢的星來穩定它，則是其

人外表還穩定、溫和，但內在急躁。性格上有一些隱性的衝動和馬虎性格，以及身體上有虛火之症及血光和皮膚病。**火星居陷時和吉星、福星同宮**，只有傷剋、血光，刑剋較深，人緣關係和機會都不好了。此時只有與貪狼同度（同宮或相照）會有一點暴發運的好處，但其他方面仍不好。

## 火星在六親宮

火星在六親宮中都是刑剋。火星居廟時比居陷時略好，刑剋較輕一點。**火星在兄弟宮**，表示兄弟脾氣急、衝動，因此兄弟之間常有衝突，兄弟一人、或無兄弟。你和兄弟之間的感情常是不耐煩的。**在夫妻宮時**，配偶性情急躁、火爆。**在子女宮時**，子女少或無，生子較難，你對子女也易不耐煩。更表示你的才華是有時有、有時無，且粗糙、馬虎、

不實際的。**在父母宮**，表示你和父母之間及長輩之間的關係是帶有性急、不耐煩的，常有衝突不快的現象。**在僕役宮時**，表示你和朋友之間的關係不穩定，時好時壞，沒有深交。也常有爭鬥是非發生。

## 火星在事宮

火星在『事宮』中也常是刑剋不吉的。除非有貪狼同宮和相照，會帶來暴發運，才會覺得吉利一些。但大多數時間是不好的。

**火星在財帛宮出現時**，則是亦好亦壞的。表示常有意外之財，但財來財去，耗財也快。火星居廟在財帛宮，意外之財較大。居陷在財帛宮，意外之財較小或無。若火星居廟又和擎羊同宮在財帛宮，例如火星、擎羊在戌宮，有意外經過爭鬥所得之財。若火星居陷和擎羊同宮，例如火星、擎羊在子宮，則無意外之財，而多車禍傷災，以及因爭鬥而帶來之傷災，會無財而窮困了。

倘若『**火星、擎羊』在官祿宮出現**，則上述現象就會在其人的事業上出現。

**倘若火星和陀羅同宮**，火星是速度極快的星，而陀羅是一顆速度慢又拖拖拉拉的星，因此就會有矛盾現象，該快的時候不快，該慢的時候不慢了。但此時要看哪一顆星旺，**火星居廟、陀羅居陷在財帛宮時**，仍會有意外之財，但耗財凶，財來財去的速度快，而且是因笨事而敗財的。而且肯定是過路財神，錢財還沒摸熱或尚未拿到手，便跑到別人口袋中去了。**若是火星居陷、陀羅居廟**，則意外之財不發，耗財依然凶，是因頑固、衝動、想不開、頭腦笨而耗財。**若是火星、陀羅皆陷落**，無意外之財，多意外之災、傷災，困難和是非很嚴重，為人窮困，也會心地不正。會想惡質的事來做，又再度為自己帶來災害、困厄。這是因為

又笨，又要耍奸惡所造成的，情況更慘。如果**『火星、陀羅』在官祿宮**，這些狀況就會在事業上出現。

另外，**火星在田宅宮時**，家中有是非爭鬥、易生火災。且家中之人多脾氣壞、衝動、火爆之人。其人也容易住在廟宇旁，或在寺、塔之旁，或周圍有紅色怪異建築、火爐，產生高熱、電磁波、有巨大變壓器的地方。亦或附近有尖山、尖頂的住宅，此皆不吉。

**火星在疾厄宮**。其人會有火症、麻面、青春痘、聲音瘖啞，身上長瘰癧（長瘤、疱）、瘍疽、潰爛，濕毒等問題。

## 火星的吉善

火星唯一對人的吉善面，就是在與貪狼同宮或相照時，帶給人們的偏財運和暴發運了。

火星自己本身也是有暴發運和偏財運的，但一定要火星在『寅、午、戌』宮居廟時較大，但我們普通稱它為意外之財，不太稱它為偏財運或暴發運。因為這是和『火貪格』有別的。它也不會比『火貪格』時來的大。就算火星居廟，也只能算是令人歡喜的、稍大之財。而有『火貪格』時，縱然火星居陷，貪狼也居陷，也依然會暴發，更能使人有較大的歡喜和滿意的。

『火貪格』的偏財運層次中，以火星、貪狼皆居廟位，例如在午宮、戌宮出現時，是暴發運最大，得財最多的。其次是火星和貪狼一個居廟或旺、一個居陷時的層次。得財最少的，是火星和貪狼皆居陷位的層次，例如在亥宮、在申宮的火貪格，財也少。因為火星居陷、貪狼居平或陷之故。

在『火貪格』中，若是火星居廟的，暴發以錢財（意外之財）為

主。若是貪狼居廟旺（比火星旺的），則是以暴發運氣，再由運氣而得錢財。雖最終都是得到錢財，但所經過的過程卻稍有不同。

## 第二節　火星所形成之格局

火星所形成之格局，分為『增財』部份，和『刑財』、『刑運』、『刑官』、『刑蔭』、『刑福』、『刑命』等部份，火星不會『刑印』。

### 1. 火星的『增財』格局

火星居廟時，本身就具有意外之財的性質，尤其是單星獨坐時，意外之財很明顯。和其他星同宮時，較會先刑剋，有意外之財不明顯。亦會不產生意外之財。而火星單星獨坐時，縱然有意外之財，也是極小極小的財，對人在財富的方面不會產生大影響，但傷剋較嚴重，只會使人稍微感覺到這種極小財的快樂。而火星居陷和其他的吉星同宮時，只有刑剋吉星的事情，對財反倒沒助益。火星居陷又和其他的凶星同時，則一起作亂，刑剋極深，有害而無益了。

火星增財的格局，另一個就是『火貪格』。這是火星唯一吉善的地方，會帶給人大的偏財運，令人振奮。

『火貪格』中不可有化忌或劫空同宮，例如有貪狼化忌、或文曲化忌、文昌化忌之類的星，也不可有地劫、天空二星同宮，會有不發之趨勢。有羊、陀則不妨礙，只是會發的少一點，或慢一點而已。有擎羊時，暴發運會帶有爭鬥或小血光之事。有陀羅時，會因為慢或笨，錯失了暴發財運之機會。

# 羊陀火鈴

## 2. 火星的『刑財』格局

火星除了和貪狼同宮或相照時有偏財運之外，其他的時候多半是『刑財』的。

例如在『火武貪』格中，這是屬於『雙暴發運』。這一定要是火星和貪狼同宮，武曲在對宮相照的結構，才不容易刑到財，而有較大的暴發運，得財在上千萬至億萬之間。

如果是火星和武曲同宮，而貪狼在對宮相照的格局，則火星就會刑財。在走火星和武曲同宮的運程時，實際上是財不多的。一定要等到走貪狼運時才會暴發真正的大財富。

財星都怕與羊、陀、火、鈴、化忌、劫空、殺、破這些煞星同宮或相照，會刑財。而火星和羊陀的刑財不同，刑財的嚴重性又稍不同。火星是因速度快、思想不周慮、衝動、衝突而刑財。表面看起來是沒有羊

陀嚴重的。

※刑財格局中，以擎羊最凶，其次是陀羅。七殺和破軍的刑財也很凶，但狀況和羊陀不同。羊陀刑財，只要財星旺，居廟或居旺，刑財之後，還會剩一些財。七殺和破軍刑財，都是刑剋到財星很窮了，再也沒有辦法了，還要勞苦和破耗，直接刑剋到人的身體和生命資源的財了。因此有時殺、破的刑財是比羊陀更凶悍的。

火星刑剋的層次就沒有羊陀和殺破來的凶了。但它的速度快、耗財快，常不知不覺財已來去如煙了。

**武曲、火星在辰、戌宮的『刑財』格局**：此格局是性格古怪、頑固、又衝動、想法和別人不一樣，和常態不一樣的『刑財』形式。雖然對宮有貪狼會形成『雙暴發運』，但也只有在貪狼所在的宮位有雙暴發運。在武曲、火星的宮位所在之年份，財較少一些，也不一定會暴發，

# 羊陀火鈴

因為刑財，因為在此年有頭腦不清楚、想法不實際，有些錢你不賺，所以暴發運小，或甚至不發。

**火星和武貪同宮在丑、未宮的格局**：事實上，此格局是一個矛盾格局。這既是雙暴發運的格局，又是火星刑剋武曲的格局。因此仍然會暴發極大之偏財運。但似乎看不出有刑財的跡象。這是『刑財』被『武貪格』和『火貪格』所掩蓋了。這種『雙暴發運』格雖已能暴發上千萬之資財，但絕不會比『武貪同宮，火星在對宮相照』的格局來得大。而且在丑、未年都會有極大、極大的偏財運，最多一次可有上億之多。

倘若火、武、貪三星在同一宮，而對宮是空宮的『火武貪格』，則在空宮所走的年份，就不會有太大的暴發運，因為受相照的力量非常小，可有小財進而已了。

**火星和天府同宮的『刑財』格局**：這是非常真實的刑財。會耗財快，財留存不住，其人會有怪異思想來耗財，而且衝動、速度快。並且其人會快速收集周圍的財，收集到自己這邊來，再由自己快速花掉。這時收集的力量也快、耗財的力量也快。而且東拉西湊的，一直想花掉。還堅持要自己來花掉。**當天府居廟、居旺時**，財不一定會耗光，會仍剩一些，仍有財富、積蓄。**當天府只居得地之位，火星又陷落時**，所留的財就少了，很可能會窮困了。

**火星和太陰同宮的『刑財』格局**：太陰既是財星，又是感情之星。因此火星和太陰同宮時，既是『刑財』，又是刑剋『愛情運』『感情運』的格局了。

火星和太陰的『刑財』會因感情衝動，各種感情衝突或頭腦不清，在感情和情緒上不順，而形成刑剋財，進不了財，耗財多的狀況。太陰又是田宅主，主陰藏、儲蓄之星，有火星同宮時，自然儲蓄不了財，有

# 羊陀火鈴

耗財多的狀況了。雖然火星有意外之財，即便和居旺的太陰雙雙居旺在戌宮，仍然會是耗財多，存不了錢財。耗財比意外之財大，也根本感覺不到意外之財的好處了。反而有意外之災很明顯的際遇狀況。而且這些意外之災也會和感情問題、錢財問題、房地產的問題等方面有連帶之關係。

**火星和居陷的太陰同宮時的『刑財』格局**：太陰居陷時，本身就財窮，又加上火星的刑剋，因衝動或感情因素不想賺錢或耗財。而且常有突發事件而耗財，有意外災禍，且極易有車禍、血光、病災，問題較嚴重，直接影響到賺錢的能力與機會，會被刑剋到生命資源上的財。

## 3. 火星的『刑運』格局

火星的『刑運』格局中，只有火星和天機同宮時稱之。火星和運星

貪狼同宮時有好運，是暴發運，自然不是『刑運』格局了。**火星和天機同宮的刑運**，是因為自作聰明、速度太快、衝動、顧慮不周全，有些事沒想到，而刑運的。

當火星，天機同宮皆在廟位（在午宮）時，刑運刑得較少，但脾氣壞、人緣不好，機會雖不錯，但引人討厭，也會不給你機會了。所以可以按耐住脾氣的，便影響不大。脾氣暴躁衝動的，刑傷就會大，也不一定有意外之財，只有耗財了。

天機本來主聰明，居旺、居廟、居得地時，都聰明、有機智、應變能力強。和火星同宮時，太急躁，反應特強，反而易遭災，惹人討厭，因為遇到事情，反擊也快、不吃虧，沒有包容力，容易引發眾怒，易招災了。也多是非、爭鬥，是因自作聰明而招災。

**天機居平或居陷，再加居陷或居平的火星**，是聰明才智本來就弱，還要自作聰明，又性急，心態又不好，很惡質而招災，多是非。產生是非後運氣又一直往下墜，愈來愈壞，又愈暴躁，災禍就浮現了。

## 4. 火星的『刑蔭』格局

火星和天梁同宮為『刑蔭』格局。這是因為貴人運是急速且火爆的，不耐煩的，不會好好的、用心的來幫助你的『刑蔭』格局。你的貴人也會脾氣古怪，難侍候，使你中途又不想找他幫忙了。也形成『刑蔭』格局。

**當火星、天梁居廟在午、戌、寅宮時**，『刑蔭』格局不算太嚴重，但各自代表的意義不同。貴人還是會幫助你，只是不一定十分讓你稱心如意罷了。也幫得有限。

**火星、天梁在午宮時**，表示貴人古怪、脾氣急躁、火爆，要小心侍

候，仍會有意外好運。沒耐心的人，會有災禍，貴人運的幫助也少。另外也代表在考試運和升官運上，會因衝動、不仔細、粗心、或有意外事件，而讓考試、升官有瑕疵、阻礙。考試、升官依然能考中，但名次、名聲都不會太高。

**火星、天梁在子宮時**，因天梁居廟、火星居陷，故前述的狀況更嚴重一些。但考試、升官亦會考上，名次和名聲會更低一點。貴人的脾氣與態度更壞，幫是幫了，但也會帶來是非和爭鬥。

**火星、天梁在丑、未宮時**，天梁居旺，火星居得地之位，表示貴人勢必古怪，也不好溝通、性急、沒耐心，忙會幫，是非糾紛也不少。

**火星、天同、天梁在寅宮時**，火星和天梁皆居廟，天同居平。表示你自己很性急，想要享福，把事情交給貴人去做，又希望它快點幫忙做好。但是貴人很古怪、也性急、衝動，他會幫助你，但不一定會合你的

心意，而且還會讓你奔波忙碌不停，折騰你很久。這是『刑蔭』與『刑福』的雙重格局。

**火星、天機、天梁在辰、戌宮時**：這是『刑運』與『刑蔭』的雙重格局。其人會表面裝聰明，其實內在聰明少，只有小聰明。但性子急，有時不想找貴人，或自作聰明，找到古怪的貴人，所得到的幫助是不實際的幫助。

**火星、天梁在巳宮時**，火星居得地之位，天梁陷落，表示已完全沒有貴人運了，但自己本身還有意外之財。只要小心應付，仍能平安。但通常不會小心，還會有古怪想法，自找麻煩，脾氣又急、又衝動而遭災。

**火星、天梁在亥宮時**，火星、天梁皆居陷，表示沒有貴人運還具有不好的想法，還火爆、衝動、速度快、遭災也快。

**火星、天同、天梁在申宮時**，火星、天梁都居陷，天同居旺，表示性急又沒有貴人運，很懶惰，只想享福。其人就會用很古怪的、懶惰的方法來做事，讓別人很不了解他為什麼這麼做？但絕對是投機取巧的方法。這時就要看走的運程好不好，以及是不是福多了。福多、運氣好的人仍能過得去。福薄、運氣差的人，則刑蔭、刑福很嚴重了。

## 5. 火星的『刑福』格局

火星的『刑福』格局，就是火星和天同同宮，或是火星和天相同宮而稱之。

**火星和天同同宮，為『刑福』**。此格局不會如『天同、擎羊』同宮嚴剋。但仍容易造成傷殘或精神上之躁鬱病，內心煩悶、不清爽。

**火星和天同同宮的另一個意義**是和黑道有關，不行正路。也會勞碌、奔波、無福。其人也會軟弱，又衝動，但做事能力不好，有些笨。

**火星和天相同宮**，亦為『刑福』，不稱『刑印』。亦會軟弱，做事能力差、衝動而脾氣壞，勞碌、奔波，無福可享，且理財能力不好，有些笨了。基本上火星是行動快速的星，而天同、天相、天梁都是行動慢速的星，因此彼此矛盾，，為外形動作慢、內在急，思想不周全，常有瑕疵過錯，是故會刑福，享受的少，得財也會少。

## 6. 火星的『刑命』格局

火星的『刑命』格局，指的是火星直接會使人致死的格局。

### (1) 火災格局

凡是人命盤上有以下兩種格局的，要小心火災喪命的問題。

A

太陽
火星
紅鸞
天刑

四顆星同宮或在對宮相照時

B

廉貞
火星
紅鸞
天刑

四顆星同宮或在對宮相照時

上述兩個火災格局，在流年、流月、流日、流時中，雖會引發火災，但不一定會喪命。但在火災格局中有太陽化忌、廉貞化忌、或文昌化忌、文曲化忌，或有擎羊同宮，又流運在擎羊、化忌運上，會容易喪命。或是上述兩個格局中有天空、地劫雙星同宮，或在寅、申宮有天空、地劫相對照，也會形成喪命格局。所以當一堆火災格局的星，再加上羊、忌、劫空等煞星時，就會有喪命之憂了。

### ⑵『巨火羊』的格局

『巨火羊』的格局在前面擎羊的部份已有解釋。只要在三合宮位出現，即會有殺或惡死之事，但可防範，也可以使之不發生，一切小心為是。

## 羊陀火鈴

## 火星紀事

**火星、紫微**——脾氣壞、頑固、愛做主、思想不周全，略有不順利，但仍可過得去。表面仍體面、高尚，但性格古怪。

**火星、太陽**——火災、傷目，脾氣火爆，事業略有不順，有突發事件，

## 羊陀火鈴

剋父、剋夫。

**火星、武曲**——刑財。多爭鬥、有意外事端。性格古怪。

**火星、貪狼**——有暴發運、偏財運。性格古怪、做事馬虎。

**火星、廉貞**——火災、是非、血光、意外之災，衝動而遭災。

**火星、七殺**——災難、凶死、陣亡、古怪、傷殘、爭鬥。

**火星、破軍**——災厄、爭鬥、傷殘、破敗、殘疾、血光、是非、糾紛。

**火星、天同**——福不全、辛勞、傷殘、疾病、黑道、急又笨、財少。

**火星、巨門**——爭鬥、災厄、鬱悶，多是非災禍、災厄、傷殘、械鬥。

**火星、劫空**——災禍、破敗、破產、入空門、暴斃。

**火星、擎羊**——爭鬥、災厄、傷災、血光、血崩、車禍、脊椎骨受傷、心臟病、意外傷殘、懦弱、陰險、破產、破財、意外之災。

# 羊陀火鈴

▼羊陀火鈴

**火星、陀羅**——爭鬥、災厄、暗中爭鬥、血光、傷災、車禍、腦震盪、手足傷殘、是非糾紛糾纏不清、惡劣的狀況延續拖很久。報復後再招災。

# 第十一章　鈴星的善惡吉凶

## 第一節　鈴星的善與惡

鈴星和火星的性質很類似，同樣是五行屬火，但火星是丙火，鈴星是丁火。因此火星帶有陽剛的氣質，鈴星帶有陰柔的氣質。火星暴發脾氣起來很直接，不多用大腦。鈴星暴發脾氣起來，會想一下，用陰狠的方法來報復。這種報復的手法，也許是十分奇怪的，或聞所未聞的，因此它有奇怪聰明的一面。

# 羊陀火鈴

鈴星也稱大殺將，為南斗浮星，在數主凶厄，又稱『殺神』。鈴星入命，有古怪面形、頰骨呈多角形，下頷或呈方形，露骨，為人大膽，性格孤僻不合群。火星入命時，其人還會找朋友，偶而和朋友攪和一下，但不長久。而鈴星坐命的人喜獨來獨往，朋友少。其人頭面破相，居陷者有麻面或矮瘦、陰險毒辣。但有鈴星入命者，都非常伶俐、有急智，有古怪的聰明，而且大膽敢試驗，不在乎別人的想法。

鈴星獨坐在寅、午、戌宮居廟的人，可為護主衛國、忠貞之士。女命居廟者，也可為貞節烈女，護家犧牲再所不惜。但居平陷者，則刑夫剋子，不貞、下賤，且窮困貧寒。男子也一樣，居陷者入命，寡廉鮮恥，傷風敗俗之輩，多危害鄉里人群。

鈴星坐命的人，生在甲、乙、丙、丁年，又生在南方較好，尤其命宮在寅、午、戌居廟者更佳。

鈴星也是好爭強鬥狠之星，好辯論，不安現實，速度快，為求效率，草率馬虎。不喜別人管，剛強果斷。但他比火星坐命宮者聰明得多，會想辦法來達成效率。雖然其辦法有時會讓人覺得太異想天開，會讓人好笑，但不能不佩服他的聰明。

鈴星坐命者因為太聰明，反應力快，太情緒化，做事急速，而常後悔。火星坐命的人是不後悔的。因為行動反應快、理解力慢，等發現錯誤，已無法改正，就任由它去了。鈴星坐命者發現錯誤或吃虧，一定會想盡辦法改回來，以證明自己的聰明。

火、鈴星坐命者記憶力好。火星坐命者的記憶力已夠好的了。但鈴星坐命者比他們更強。要慎防火災、車禍、意外之災。

## 鈴星在六親宮

鈴星在六親宮及人際關係上，都代表刑剋、不吉。

**在父母宮**，代表父母有奇怪的聰明，你和父母不能溝通，你也跟不上父母的腳步，彼此在對事物的價值觀上差異大，彼此不合。父母有怪癖。

**鈴星在兄弟宮**，兄弟是性情暴躁、不穩定的人，性格怪異，和你彼此不合，居廟時，有兄弟一人。居陷時，無兄弟，或各分西東，不住在一起，似有若無。

**鈴星在夫妻宮**，配偶是性情暴躁、古怪之人，做軍警業較佳，刑剋會減少。配偶做文職，會因性情古怪，工作不長久，或與你感情不佳，分隔兩地，或配偶因公殉職、早亡。

**鈴星在子女宮**，子女是性暴之人，不好教養。身體也不好。居廟時，子女有一人，居陷時無子女。子女是有古怪聰明，但不實際之人。與你不合。你自己本身有奇怪之才華，但也不一定有用，你的聰明才智不一定能得到發揮。你會常遺憾。

**鈴星在僕役宮**，表示你周圍的朋友都是聰明古怪的人，性急、暴躁。要是志同道合還會來往。志不同道不合的人，會翻臉成仇。你很難應付周圍的朋友，故而常孤獨，不想與人來往。

## 鈴星在事宮

**鈴星在疾厄宮**，代表發炎、發燒，以及發炎形成的併發症，有濕毒、皮膚病、潰爛、瘍疽、痲面、青春痘、頭部的毛病，虛火上升之病、高血壓、以及怪病，有時會突然發作，很凶，但又無疾而終，查不

出病因，亦會易有燙傷之災。

**鈴星在田宅宮**，要小心火災。家中容易起火、耗財。一生中會至少有一次家中失火全毀，而失去財產。亦表示家中有奇怪的是非爭鬥的問題，家中人都異常聰明，彼此不信任，性格火爆，彼此不和諧，少來往、多是非爭鬥。

**鈴星在財帛宮**，有意外之財。居廟時，意外之財較豐厚，但仍財來財去，來得快、去得快。你賺錢的方法是用聰明、古怪的方法撈一票的方式。因此財運也常有起伏不定的狀況。運氣好時財多，運氣差時窮困。你不太會計算與儲蓄，理財能力不佳。你是時時等待暴發運來時大撈一筆的人。

**鈴星在官祿宮時**，居廟時作武職會有高官厚祿。居陷時，會斷斷續續的，常失業。你天生有聰明的智慧，但鈴星居廟時，你認定方向努

力，聰明才智會幫你找到貴人依靠。你也有護主愛主之心，故能得到忠心的回報。鈴星居陷時，你因小聰明太多，反應太快，懷疑心重，對人不忠誠，而失去別人的信任，或做牆頭草，使人厭惡而失去工作機會。

# 第二節　鈴星在命格中所形成之格局

## 鈴星在命格中所形成之格局

### 1. 鈴星的『增財』格局

鈴星居廟時，本身就具有意外之財的能力特質。居陷時，此特質較不明顯，而耗財多，蓋過了意外之財的能力。所以只看得到刑剋財的狀況了。

# 羊陀火鈴

## 『鈴貪格』

**鈴星和貪狼同宮或相照時**，即形成『鈴貪格』。自然是鈴星和貪狼皆居廟、居旺，偏財運和暴發運發的快速，又發得大了。因此在戌宮的『鈴貪格』發得最大，因為在此格中還和對宮的武曲形成『鈴武貪格』。是雙暴發運的格局，因此暴發力大，得財甚多，上千萬、上億不在話下。其次是在午宮的『鈴貪』格。鈴星在寅、午、戌宮居廟。貪狼在午宮居旺，是故暴發的也很大。在寅宮的『鈴貪格』因為在寅宮的貪狼居平，只靠鈴星本身的力量來促使暴發的速度增快，但運氣不算頂好，故暴發運或偏財運雖也暴發的不小了，但仍比不上在午宮、戌宮的好及大。

**在丑、未位宮的『鈴武貪』格**，因為鈴星和武曲同宮仍有刑剋的問題，鈴星和貪狼有暴發運、偏財運。而武曲、貪狼同宮也有暴發運、偏

財運，而此三星同宮時，雖也稱有雙重暴發運，但實際內裡有刑財的問題出現。因此暴發還是暴發得很大的，會經由事業或事情來暴發，再得到錢財。但此錢財是沒有『武貪同宮，有鈴星在對宮相照』時來得大了。

## 2. 鈴星的『增運』格局

鈴星的『增運』格局，也就是和貪狼同宮時的暴發運格局。例如說：在巳、亥宮的廉貪運是很差的運程，每逢人逢此運程都很倒霉，財運和人緣皆不好，事業容易垮掉、工作容易失業。但如果有鈴星同宮（火星同宮也一樣），便能有異外好運，救回這個因事業財運進入低潮期的運程，反而帶來新的機會和生命力了，因此形成『增運』的格局。

又例如：貪狼在寅、申宮本來居平，運氣很弱，單靠對宮的廉貞相

照，也不一定會暴發，但有鈴星（火星亦同）同宮，便會因暴發運帶來新企機和財運。

其他各個宮位的『鈴貪格』（包括『火貪格』），皆是『增運』的格局。

## 3. 鈴星的『刑財』格局

鈴星除了和貪狼見面是好的之外，和其他的吉星同宮，皆屬於刑剋範圍。故鈴星和財星武曲、天府、太陰同宮即是『刑財』。

**武曲、鈴星的『刑財』格局**：武曲是正財星，最怕有煞星同宮，怕被奪財、劫財，或產生破耗之類的事，便是刑財。武曲、鈴星同宮會行為怪異、聰明而不實際，或是有另類思想去賺錢，反而不是正道，而耗財，或有意外事件發生而敗財。因此『刑財』的狀況是必然發生的。但因為武曲居廟，是故雖遭刑財，但財仍是不少的。只是比武曲單星時少。

**武府、鈴星的『刑財』格局**：鈴星刑財的方式是因聰明、鬼怪、不信邪而造成的，因此對武曲、天府同宮的刑財，只是會賺的少，存不住的刑財形式。

**武相、鈴星的『刑財』格局**：這是『刑財』又『刑福』的格局。在寅宮時，鈴星居廟，仍會有意外之財。但也會有意外事件發生，而耗財，或傷災、病痛而耗財。也會因一時衝動，計算能力不佳而耗財、被劫財。在申宮，鈴星居陷，更是劫財、刑財了。

**武殺、鈴星的『刑財』格局**：武曲、七殺同宮，本身就是『因財被劫』的格局。有鈴星同宮時，只有更助惡、更凶。是本來就窮、財少的格局。又因是非爭鬥和是非發生、意外不斷，會更窮、更刑財，財更少了。

**武破、鈴星的『刑財』格局**：武曲、破軍同宮，也是『因財被劫』的格局。有鈴星同宮時，也是更助惡，古怪，更凶的。亦是本來就窮、財少、又破耗凶，是非爭鬥又多，意外、火爆不斷，會更窮、更刑財。財也更少了。

**天府、鈴星的『刑財』格局**：天府是財庫星，又是溫和、緩慢的星，最怕刑星、速度快的星同宮，會刑財。此格局是因為有奇怪，自以為聰明的想法，而不儲蓄存錢了，或想存而存不住，所造成的耗財、刑財。天府在廟、旺、得地合格以上的位置，而鈴星在廟、得地的位置，兩星相遇，其人的錢財還有剩，不會被刑光。仍有積蓄。若鈴星居平、居陷時，是較凶的，存留的就會少了。只會是小康或不算富裕的生活。天府和鈴星的『刑財』格局也會造成其人的計算能力有瑕疵，因為性

急、做事講求速度，要快，而常算錯。因此要小心。也會因有奇怪的聰明，無限擴充信用借貸，而造成負擔及耗財，也會錢花得快。天府亦是計較之星，和鈴星同宮會因怪異的計較方式，而造成對自己不利的刑剋。這也是『刑財』。

**太陰、鈴星的『刑財』格局**：太陰是溫和的星，也是感情之星，更是陰藏儲蓄之星。與鈴星同宮時，溫和的星速度慢，和快速的鈴星形成快慢不一的矛盾，這就是刑剋。鈴星不但會刑太陰薪水的財，也會使其感情不順。一般論感情，也算是一種財。鈴星會使太陰喜好儲蓄、存不住錢。愛買房地產的特性，遭到不順。結果變成喜好儲蓄、存不住錢。喜愛買房子，也留不住。喜歡談戀愛、戀愛也不順利。喜好談感情與溫情主義，結果變得無情、情少。其結果都是一種耗財、刑財的格式。而且性情衝動、脾氣壞、自作聰明、思想怪異，常有不實際、異想天開的想法，眼光也不準了，會做一些與得財相背道而馳的事情。

## 羊陀火鈴

## 4. 鈴星的『刑運』格局

**鈴星的『刑運』格局**，只有鈴星和天機同宮時稱之。

鈴星和天機同宮時，縱然是在午宮，雙星居廟，雙星都有無限的聰明機智，應變能力強、反應快，但仍然會『刑運』，這是因為他們有奇怪的聰明，常愛耍聰明，喜歡做怪，做出事情的結果往往出人意外，不見得是好的結果。也會讓人討厭、人緣不好。別人不給機會，機運就差了，是如此『刑運』的。

有一位朋友是天機、鈴星在午宮居廟坐命的人，非常聰明絕頂，又常愛表現聰明，但是朋友少，大家都不喜歡他。有一天他來找我，問我：「有什麼方法可改善人緣？」我說：「你只要笨一點，就好了！」他

開心的笑了，說：「對！對！對！我自己也覺得自己太聰明了，而且反應太快，一看到別人有不友善的表情，或對方想表現聰明，就一定想辦法把他壓倒下去。這沒辦法！因為周圍聰明的人太少了。」我聽了也覺得好笑，所有的人一定都認為他是太自大了。真正聰明的人是要把事情做得好，那裡是在口角中爭強鬥狠呢？而且這種時時自鳴得意的人，又如何能反省，不露鋒芒，懂得修身養性呢？既然如此，就沒辦法改了。所以他一直很聰明，但也一直是個小公務員，不太有機會升遷了。這也是太聰明害了他。有了聰明，卻刑了運程，不知是福是禍？

## 5. 鈴星的『刑蔭』格局

鈴星的『刑蔭』格局，就是鈴星和天梁同宮的格局。同時也包括了『刑官』格局。

鈴星和天梁同宮時，縱然是在午宮、戌宮、寅宮也都是刑蔭的。

**鈴星和天梁同在午宮時，雙星居廟**，表示你的貴人有古怪脾氣、和怪異的聰明，有太多的機謀，有時幫助你，方法很怪異，不被你接受，有時貴人也會太聰明，又衝動，幫助你的方法和時間點不好，使你享受到的貴人運不太合用。天梁也代表考試運與升官運。有鈴星同宮時，表示你的考試運和升官運中常有意外突發事件的影響，會是驚險的考中或升遷，但成績不會太好。

**天同、天梁、鈴星在寅宮時的『刑蔭』格局**：其實這也是『刑福』及『刑官』的格局。因天同居平，天梁和鈴星居廟。你有脾氣古怪、聰明也古怪、外表溫和的貴人。他會用較衝動、快速及古怪的方法幫你。但你會更辛勞、所受到的幫助也不太多。在考試運、升官運上，你是又聰明古怪、又笨的混合體，用很辛勞的方式在爭取，但效果不彰，還要

兼看其他的運氣，如大運、流年、流月、流日，才能判斷勝負。即使贏得勝利，成績也不高。

**天機、天梁、鈴星在辰、戌宮時的『刑蔭』格局**：此格局中也包括了『刑運』『刑官』的格局。在此格局中，天機居平，天梁和鈴星皆居廟，表示你的貴人是正事不聰明，邪門歪道的事很聰明，聰明得古怪。而且貴人的脾氣壞又怪，要幫助你也不一定會伸手。即使幫了也不一定有效。在考試運、升官運上，你會因太奇怪的聰明想法不參加這項競賽。也會多生是非去阻撓或散撥是非謠言，使人相信你不去參加是好的。參加了就是太笨了。因此有鈴星是讓你因太聰明而失去機會和人緣的。

**天梁、鈴星在巳、亥宮時的『刑蔭』格局**：天梁在巳、亥宮，原本就陷落了，毫無貴人運。有鈴星時，貴人會更古怪，更聰明的幫倒忙，

因此容易招災，不順。尤其在亥宮，雙星陷落時，是惡質的聰明古怪。考試運和升官運全無，還有意外之災。

**太陽、天梁、鈴星同宮時的『刑蔭』格局**：此格局中也包括『刑官』格局。**在卯宮**，太陽、天梁居廟，鈴星居平，表示男性的貴人，長輩貴人，女性的貴人都還會幫你，但幫的有些古怪，稍有是非，但仍能幫到忙。在考試運和升官運上會有意外的小插曲，但仍能考中和升得成官。**在酉宮**，太陽居平，天梁居得地之位，鈴星居得地之位。表示你的貴人運中女性對你稍有利，男性貴人對你較無力幫忙，而且他們性情古怪、思想怪異。但真正幫不幫得上忙，要看事件本身的問題是什麼？是和事業和錢財有關的事，肯定幫不上忙。和名聲有關的事，力量也不強。無關緊要的事倒是有可能會幫忙。在升官運、考試運上，成功的機會也不太大。因為這是『刑官』和『刑蔭』的雙重格局。

## 6. 鈴星的『刑官』格局

鈴星的『刑官』格局，就是鈴星和官星紫微、太陽、廉貞、天梁等星同宮時的格局。

**紫微、鈴星同宮時的『刑官』格局**：紫微是官星，代表事業運。也是帝座，主高貴、掌權力。有鈴星同宮時，在午宮雙星居廟，紫微可壓制、管束鈴星，但仍會有孤高、怪異、衝動、脾氣壞、人緣不好、思想和行為怪異的特質。也會影響到人不夠穩重。因此在事業上會因上述這些特質，影響到事業無法衝到最高峰，會略有一些遺憾。

**紫微、鈴星在子宮時**，紫微居平，鈴星居陷，因此在事業運上只是一般普通的格局。是表面還不錯，但思想古怪，不會走一般正常的路途，會常換跑道、換工作。也會做不長久。使事業運不算順利了。

**紫微、天府、鈴星的『刑官』格局**：這是『刑官』又復『刑財』的格局。倘若**在寅宮**，紫微居旺，天府和鈴星居廟，財官都極旺，刑財和刑官的力道不強。只是有奇怪的聰明，多耗財或是多鬼點子，略有不正的行為，但事業運和財運仍是很豐富的、有成就的。影響不大。

**在申宮**，紫微居旺，天府在得地合格之位，鈴星居陷。因此鈴星再刑財方面會更嚴重一些。也會因怪異、不好的聰明，使紫微所代表的事業運受到影響，因此財運和事業運有下滑的趨勢。

**紫微、天相、鈴星的『刑官』格局**：這是『刑官』、又『刑福』的格局。三星同宮時，紫微和天相都是居得地之位的。只有鈴星不同，在辰宮，鈴星居陷，在戌宮鈴星居廟，因此會有不同的刑剋結果。

**在辰宮時**，鈴星刑官、刑福會較嚴重。會使人操勞，在事業上沒那麼順利。也會使工作的職位不高。但紫微雖在得地之位，但能壓制鈴

星，故有此命格的人，只為一般普通人之命格，他自己本身並不曾感覺到鈴星帶給他的影響，只是脾氣急躁一些，想得多一些，有古怪的想法而已。

**在戍宮時**，因鈴星居廟，故較強悍，再加上紫微、天相的特質，其人是外表老實、性格怪異，有特別衝動與怪異聰明，反叛心特強，常對事不滿意，喜歡批評周遭的事務，有時也會特立獨行。在人緣機會上有受制的問題，別人也不喜歡靠近他，怕被他的批評波及到。此人意見多，有志未伸，性格衝動，做事也虎頭蛇尾，是只動口不動手之人。又容易操勞奔波在一些不實際的問題上。使其人在工作上做武職較好，能升遷。做文職不行，常有意外，升遷不易。這是明顯的『刑官』。另一方面，『紫相鈴』同宮時，會心急想要得到美好、精緻、外表祥和、體面、計算精細的東西，因為太急，或有怪異想法，而得不到，而且理財

能力不好、多耗財。這是『刑福』。

**紫微、破軍、鈴星的『刑官』格局：在丑宮**，紫破居廟旺之位，鈴星居得地之位。故鈴星會讓紫破更加有衝動力，奮發力，行動更快，速度更快，怪異的聰明也使其更善於爭鬥。表面看起來好像競爭力很強，常有好運會贏，但是紫微很累，要平復破軍的破耗，又要壓制鈴星怪異的凶性，忙都忙不過來。因此此格從武職有大發展。從文職一生只為小職員，因破耗太凶，起起伏伏，破耗問題一生一定在事業上出現多次，是『刑官』。也會在生命資源中出現破耗，有惡死、或被人槍殺致死的問題，是『刑命』，要小心。

**在未宮，紫破居廟旺，鈴星居平**，是好爭鬥，贏面比前者更低的狀況。從武職稍好，從文職一生無起色。怪異聰明會使其人工作斷斷續續不長久，或一事無成、破耗多，只有長相尚好而已，這是『刑官』格局。

**紫微、七殺、鈴星的『刑官』格局：在巳宮**，紫微居旺、七殺居平，鈴星居得地之位。表示其人思想強悍、古怪，人緣會有問題，自以為是的觀念嚴重，脾氣壞，聰明得不是地方，有時又讓人覺得很笨，太衝動，但偶有小的意外之財。也有意外之災。紫微要同時壓制兩個強悍的煞星，力量略顯不足。因此此格局只適合做武職尚有升遷機會。做文職會職低及做不長。其人能力會落於光說不練。

**在亥宮**，紫微居旺、七殺居平，鈴星居陷，『刑官』的色彩更濃厚。煞星皆在平陷之位，紫微力挽狂瀾，也顯得無力。因此工作、事業運會不強，只為一般中、下等，做粗活之職位，得財也是中、小等之資。其人身體有問題，也會刑到生命之財。

**太陽、鈴星的『刑官』格局：在午宮**，太陽居旺，鈴星居廟，這是人運氣極好，心地又開闊，有時有怪異聰明，但又有時少根筋。在計算能力上不行。脾氣急躁、衝動，不能克制。做武職好，做文職，事業稍為坎坷，有起伏。

**在子宮**，太陽居陷，鈴星也居陷，表示事業運已很低落，又有怪異的聰明和意外之災，問題嚴重，工作會斷斷續續，做職位不高的公務員，少發怪想，安份守己會平順。小心火災。

**在辰宮**，太陽居旺，鈴星居陷。表示事業運好，但有怪異聰明和性格衝動火爆，思想不實際，而使事業運有刑剋瑕疵。運好時能衝破難關，運差時，有刑剋不順，有意外之災、火災。

**在戌宮**，太陽居陷，鈴星居廟。表示事業運已很差了，沒有遠景，職位也不高，但有意外之財，和偶有好運。工作會斷斷續續，起伏不定，也會有意外之災、火災。

**在巳宮**，太陽居旺，鈴星居得地之位。表示事業運很好，聰明才智帶有怪異的特質，要小心走入歧途，或突然換跑道而前功盡棄。小心火災。

**在亥宮**，太陽、鈴星皆居陷，表示事業運很差，又有自以為是的怪異聰明，其實別人覺得他很笨，想法根本不實際。工作能力差，會斷斷續續，或根本不工作。職位也很低，這是『刑官』格局。小心火災。

**陽梁、鈴星的『刑官』格局：在卯宮**，太陽和天梁皆居廟，鈴星居平，因此這是『刑官』加『刑蔭』的格局。但陽梁居廟，表示工作運和貴人運都十分旺盛，名聲、機會也特佳，所以鈴星所帶來的刑剋刑不完它，有影響，但不嚴重。但是其人會有衝動，思慮不周全，不實際的怪異想法，偶然也會影響到事業運和名聲方面的問題。，小心火災。

**在酉宮**，太陽居平，天梁居得地之位，鈴星居得地之位。表示事業

運已如日落西山，有後繼無力之勢，貴人運也只是一般，而其人有怪異的聰明想法，很可能不會用在事業運上，這是欲振乏力，又不實際的人生，因此工作會斷斷續續，甚至會從事古怪的行業，有一票沒一票的做著。小心火災。

**日月、鈴星同宮的『刑官』格局：在丑宮**，太陽居陷，太陰居廟，鈴星居得地之位，這是『刑官』又『刑財』的格局。原本太陽居陷，事業運不佳，而鈴星較強勢，令因怪異的聰明，正事不想做或做不好。太陰居廟時有錢，有鈴星刑剋，耗財花錢多。因此此格局是有不實際怪異的想法，而工作不利，錢財雖有，但賺得略少。會斷斷續續的工作及賺錢，偶有意外之財，但是小財。也會有意外之災和火災。

**在未宮**，是太陽居得地之位，太陽居陷，鈴星居平，也是『刑官』又『刑財』的格局。太陰居陷本來就窮、無財。事業運還可以，但會因

思想有怪異想法而工作不順利，斷斷續續不長久，錢財更窘困了。會有意外之災較嚴重和火災。

**陽巨、鈴星的『刑官』格局：在寅宮**，太陽居旺、巨門居廟，鈴星居廟。陽巨同宮本身就是在事業上多爭鬥、是非、有口舌之災的格局。再加上有鈴星居廟，非常強勢的、怪異的聰明，會有很多異於常人的綺想。有些是好的，有些是壞的，也容易更增加是非和爭鬥變熱烈。因此鈴星會促使陽巨在事業上更拔扈、更衝動，是非更多，一波未平一波又起，有意外之災，糾紛不斷，是為『刑官』。但也會有不算太大的意外之財。有意外之災和火災。有太陽化忌或巨門夾忌，或有『羊陀夾忌』之格局時。小心火災喪命。

**在申宮**，太陽在得地之位，巨門居廟，鈴星居陷。鈴星居陷時是往壞的方面發展怪異聰明。又因為太陽只在剛合格的位置，有日落西山之

勢故是非多、爭鬥、競爭多，其人也會用不好的、怪異的聰明來應付，因此事業運會斷斷續續不長久。也要小心意外之災及火災問題。

**廉貞、鈴星的『刑官』格局：在寅宮**，廉貞居廟，鈴星居廟，其人有強勢的企劃能力，也有古怪的聰明才智，以及衝動奮發的行動力。雖十分陰險多智謀，但達成的力量強大。『刑官』的力量不明顯，且和對宮的貪狼，形成『鈴貪格』，有暴發運。成功的機運強，就在寅、申年會暴發。鈴星主要刑的是其人的性格，和身體上的疾病，屬於生命資源的東西。也會使其人太衝動，運氣不好時，做出錯誤決定，而『刑官』。要小心火災。

**在申宮**，廉貞居廟，鈴星居陷，表示有怪異和導致向壞的方面發展的古怪聰明，思慮不周詳，會有意外之災。本身也是和對宮形成『鈴貪格』，也有暴發運，有意外之財。有廉貞化忌時，要小心車禍、血光或

官非之後才帶來暴發運和偏財運。倘若暴發運先發，則意外之災就會少。小心火災。

**廉府、鈴星的『刑官』格局：在辰宮**，廉貞居平，天府居廟，鈴星居陷，這是『刑官』又『刑財』的格局。表示在智慧上沒有大智慧，有古怪的小聰明，常會因小失大，也會因衝動、意想天開耗財多。因此其人成就不大，只有普通小市民層次。**在戌宮**，廉貞居平，天府居廟，鈴星居廟。這雖也是『刑官』又『刑財』的格局，平常時候也不算聰明，但偶爾會有奇怪的聰明能幫助你過難關。這也非常有用。但依然會因聰明而耗財多。在事業上反而有怪的、好的聰明能幫助你，也會有意外之財，但不多。你的脾氣會粗暴，執行奮鬥的力量強，但也操勞，會刑剋到生命的財。

**廉殺、鈴星的『刑官』格局：在丑宮**，廉貞居平，七殺居廟，鈴星

居得地之位，表示性格古怪、凶悍，又急躁，脾氣壞，本身聰明不足，但有奇怪的聰明，行為，行事都怪異、陰險，做武職有戰功，但會戰死沙場。做文職則懦弱，能力不佳，刑官嚴重。**在未宮**，鈴星居平，亦是笨又有古怪、陰險的念頭，做武職亦能有利，但易戰死沙場或暴斃。做文職，能力不佳，工作會斷斷續續，不長久。

**廉貞、破軍、鈴星的『刑官』格局：在卯宮**，廉貞居平，破軍居陷，鈴星居平，表示智慧不高，爭鬥又激烈，做武職能平順。做文職易因奇怪的聰明或意外事件而遭災。工作有起伏。**在酉宮**，鈴星居得地之位。也是爭鬥凶，企劃能力不好，但有奇怪的聰明才智，會因意外的機緣而掌握機會對自己有利。但也多意外之災。因破耗多，而事情或人生終有破耗，不吉之事。

**天梁和鈴星的『刑官』格局**，在『刑蔭』格局中也有提到、不再贅述。

## 7. 鈴星的『刑福』格局

鈴星的『刑福』格局，就是鈴星和福星天同或天相同宮的格局。

### 天同、鈴星同宮的『刑福』格局

天同和鈴星的『刑福』特質是操勞不停、傷災、意外之災。會因為外表溫和、懦弱及內心衝動，有怪異思想、不實際，與現實差異大而無法獲得、擁有，稱之『刑福』。**當鈴星居廟時**，或在得地合格的位置，有時候其人的怪異思想會帶來創造力，還算好的，但刑福時也會『刑財』。倘若這種創造力是對人沒有用的，不帶財的，則仍然算是刑福。創造力為無用。**鈴星居陷時**，怪異的聰明偏向不出力，不賣力，奮發力不足，只想投機取巧的方面，會使其人掌握不到財利和沒有工作的奮發力，這種格局，『刑福』就更深了。因為會無法擁有和享受福氣，反而多傷災、意外之災，『刑福』的狀況立見。

# 羊陀火鈴

## 鈴星紀事

**鈴星、紫微**——高高在上，孤獨、霸道，性格古怪、衝動、脾氣壞、勞碌、堅貞、奮鬥力強，但也疑心病重，有古怪聰明。精通高科技或高知識。

**鈴星、太陽**——脾氣壞、火爆、衝動、性古怪，聰明，脾氣快發快過，有威嚴，事業上有意外之起伏。易有火災、燙傷、發炎、併發症。

**鈴星、武曲**——吝嗇、脾氣古怪，錢財起伏，耗財，有意外之財，但也會錢財不順。性剛直、火爆、不妥協，有陰險的政治鬥爭。

**鈴星、天機**——有古怪的、奇異的，超能力的聰明，但不長久，太有機智、不實在。對人疑心病重，人緣不好。

**鈴星、天同**——外形溫和又愚笨，內在有古怪聰明，性急、衝動、常後悔，會有意外之災。傷殘，福不全，與黑道有關。

**鈴星、廉貞**——脾氣古怪、陰險、易做暗事、企劃陰謀之事，性衝動、火爆、報復心強。有火災、燙傷、發炎、血光之災，車禍問題，官非、爭鬥嚴重，是非糾纏。兵刃之災。

**鈴星、天府**——脾氣古怪、聰明、耗財、存不住錢，一時衝動被劫財。財庫易有意外之災而破洞。

**鈴星、太陰**——耗財凶，脾氣古怪、衝動，感情不順，身體不好，易受傷。存不住錢，陰險、自作聰明，愛人少付出感情少，戀愛時間短，容易見異思遷，變化快。也容易因感情而耗財及自作聰明而耗財。

# 羊陀火鈴

**鈴星、貪狼**——有暴發運，為『鈴貪格』，有意外之財。但易暴起暴落，性情古怪，對人不真誠，是聰明、對事閃躲、見異思遷很快。為利視圖、見利忘義。

**鈴星、巨門**——是非、爭鬥，意外之災，加擎羊為『巨鈴羊』格，有鬱悶、自殺之狀況。亦會因爭鬥致死、惡死的問題。車禍、血光、傷殘。也會聰明鬼怪，邪門歪道。

**鈴星、天相**——福不全，與黑道有關。傷殘、刑剋、性急、懦弱，心態不佳。理財能力不好，耗財，享不到福。有怪異思想、病痛、帶病延年。

**鈴星、天梁**——自私、頑固，有古怪聰明，人緣不佳、有意外事件影響考試運、升官運、貴人運。名聲因古怪思想而受損。照顧不周全，會因快速、馬虎有麻煩，影響機運。

**鈴星、七殺**——有怪異聰明及凶惡，傷殘、破相、顛狂之症，陣亡凶死、亦會有意外凶死之狀況，以及車禍喪命、遭惡人殺死。有兵刃之災。刑剋六親，有孤獨之貌，但易掌權威。耗財、辛苦不進財。

**鈴星、破軍**——聰明、奸滑、快速破耗，爭鬥極凶，疑心重、報復心態嚴重、反覆不定、難捉摸、速度快、摧毀快、建設難。開創快、破耗也快。衝動、好勝心強、行徑古怪、車禍、血光、亦有惡死之兆。意外之災、突發破耗、詭異的破耗。

# 羊陀火鈴

**鈴星、祿存**——刑財、祿逢沖破，快速耗財，用古怪的聰明或古怪的方法來耗財，或被劫財。

**鈴星、擎羊**——外表懦弱，內在凶狠，意外之災、血光、傷殘、陣亡、破敗、殘疾、病痛、官非、車禍、惡死、暴斃、爭鬥凶，有怪異聰明、陰險，但佔不到便宜。刑剋六親，形貌不清、孤僻。

**鈴星、陀羅**——笨又陰險、脾氣壞、有古怪的想法，性格也古怪。做事大膽、刑剋六親、貧寒、傷殘、形貌不清，有顛狂之症，破相、出身寒微、下賤、痲臉、孤僻、凡事不成，吉少凶多。意外之災。

**鈴星、文昌**——聰明、古怪、多計較、性急、衝動、人緣不佳。思想不實際。做事馬虎，計算能力有瑕疵。

# 羊陀火鈴

**鈴星、文曲**——話多、衝動、多計較，但不見得佔便宜，人緣不算好，思想不實際。做事馬虎、才藝、才華都是學得快、忘得快、樣樣精通、樣樣稀鬆，不實際努力。

**鈴星、左輔、右弼**——正事、吉事不幫助，會幫助惡質古怪的思想、行為。

**鈴星、化祿、祿存**——刑財、祿逢沖破，快速耗財，用古怪的聰明或方法來耗財，或賺不到錢，被劫財。『鈴星、祿存』是孤獨、保守、古怪、祿逢沖破、人緣不佳、耗財凶，財快去，存不住。

**鈴星、地劫、天空**——有急智、特異聰明、超脫、超空、好幻想、變動、標新立異、性格不穩定、不帶財、劫財、意外之災、短壽、凶死、破敗、損耗。是非爭鬥容易沈寂，運

# 羊陀火鈴

# 紫微星曜專論

此書為法雲居士重要著作之一，主要論述紫微斗數中的科學觀點，在大宇宙中，天文科學中的星和紫微斗數中的星曜實則只是中西名稱不一樣，全數皆為真實存在的事實。

在紫微命理中的星曜，各自代表不同的意義，在不同的宮位也有不同的意義，旺弱不同也有不同的意義。在此書中讀者可從法雲居士清晰的規劃與解釋中對每一顆紫微斗數中的星曜有清楚確切的瞭解，因此而能對命理有更深一層的認識和判斷。

此書為法雲居士教授紫微斗數之講義資料，更可為誓願學習紫微命理者之最佳教科書。



氣和財也都沒有了。孤獨、古怪。

# 第十二章　火星、鈴星在『命、財、官』、『夫、遷、福』對人的影響

『火星』、『鈴星』皆是五行屬火的星曜，皆有內容是火爆、炙烈、旺暢、爭鬥、愛表現、急躁、不穩定的特質，也同樣有追求流行和時髦的特質。但火星和鈴星還是稍微有不一樣的地方的，例如火星沒有鈴星聰明，火星是火爆、急躁、衝動的，生氣會直接衝回去或立刻報復。但鈴星也會衝動，但會稍等一下，再以陰險暗中報復，並使用古怪的手法來報復，有時是不為常人所理解的。並且鈴星坐命者會注重科技、技藝，而火星則粗魯、不熟悉科技。

# 羊陀火鈴

在『命、財、官』中有火星或鈴星的人，不一定會讀書，但是此三合宮位有鈴星的人，會比有火星的人聰明得多。而且具有古怪、奇特的聰明，也更容易用不正當的方式來做事了。而『命、財、官』有火星的人，有小聰明，表面上看起來學習很快，但馬虎，不精細、做事粗率、應付，立刻會顯出笨相。『命、財、官』有鈴星的人，至少對某一種事情（指學習能力上）是專精而且用心的。

在『命、財、官』出現火星或鈴星時，無論是否形成『火貪格』或『鈴貪格』偏財運格，都會對整個命理結構形成刑剋的。『火貪格』或『鈴貪格』雖會為你帶來意外的財富，在某些特定年份會有暴發運，在錢財上好過一點，但是對於整個命格來說，它仍是刑星、煞星，故仍是有刑剋危害生命體的問題存在。

有火、鈴在『命、財、官』的三合宮位上的人，也必有怪異的脾氣性格和做人處世讓人不瞭解的地方。

## 第一節　火、鈴在命宮對人的影響

### 火、鈴在命宮

火、鈴在命宮出現，會刑剋生命的基本體。其人的腦子轉動快速，急躁、不耐煩、衝動、做事三分鐘熱度，會錯過一些人生中美好的事，也會因要快、馬虎更製造出更多的破耗、傷災，錯過一些平和的好運機會。

倘若命宮本身就是『火貪格』或『鈴貪格』，雖本身是暴發格，但會刑剋生命的財，包括健康、壽命，和人生其他的福祿，都會受到剋制，因此並不完美。而且人生是大起大落的。倘若其人重視的是財，則

一生無大成就。也會財來財去，一場空。

有火、鈴在命宮中要看是何刑局？**倘若火星、鈴星和官星**（包括紫微、太陽、廉貞、天梁等）**同宮，則是刑官格局**，則一生從思想開始就會因要快、急躁、馬虎而對事業有損傷，也會聰明的不是地方，有投機取巧的聰明，而影響整個人生律動的過程。**倘若是『刑財』格局**，例如『武曲、火星』坐命，對宮有貪狼相照，形成『火武貪』格，有雙重暴發運，但其人性格古怪，並不一定想暴發，尤其在行運至命宮『武曲、火星』的年運中，會更不想暴發，會做一些其他的事或有損暴發運的事，這就是『刑財』格局對其人生的影響了。

※有火、鈴在命盤上的各個宮位中出現，其刑剋並不如擎羊、陀羅來的嚴重，會稍輕一點，也會較不明顯。它的特質就是因意外或突發事件，或突然出現的想法而改變原來穩定運氣的途徑，變得不一樣

了，但通常是變不好的。這就是刑剋了。

**火、鈴的『刑運』格局**，只有『火星、天機』同宮，或『鈴星、天機』同宮兩種。火星、鈴星和貪狼同宮是『增運』格局，具有暴發運、偏財運。

**當命宮有火、鈴形成『刑運』格局時**，要看火、鈴及天機星的旺度來決定對命格的影響。這是因為聰明、性急、衝動、太快速所造成意外事件，而對生命的沖剋。例如命宮在午宮『天機居廟、火星也居廟』時，其人特別聰明、性急，但也是非多，常因速度快而招惹是非災禍，偶有意外之財。但人緣不好，禍多於小財運，故也是阻礙了運氣的發展，是『刑運』的格局了。

命宮在午宮有『天機、鈴星』同宮時，其人更聰明，古怪精靈，但會不往正事上發展，如果會唸書求上進。(具有『陽梁昌祿』格)會有

超人一等的主貴人生，但他們不見得會走這樣的人生的路，故常是無用，只為一小平民百姓而已。

**當命宮有火、鈴形成『刑福』格局時**，就是『火星、天同』、『火星、天相』、『鈴星、天同』、『鈴星、天相』四種『刑福』格局。其人會因為要快、衝動、急躁不安、馬虎，而減少福氣。其人會外表看起來仍溫和，但做事速度快、草率，做不完全，或思想不周延而有損耗、傷剋。其人也易腦子思想有偏差，想投機取巧或與黑道和不正派的事務有關連，想享受一時的好處，最終會遭災。仍是享受不到福氣。

**命宮有火、鈴所形成的『刑蔭』格局時**，如命宮有『火星、天梁』、『鈴星、天梁』時表示其人會有草率、馬虎的計謀，也會草率、馬虎的照顧別人或做事，更會遇到草率、馬虎的貴人，根本幫不了你的忙，因此無貴人還好，有貴人反而愈幫愈忙，沒有實際利益。倘若火、鈴居旺、廟，尚可有小的意外之財。但對大事上總是不利的多。

## 第二節　火、鈴在財帛宮對人的影響

**火、鈴獨坐在財帛宮**，又在旺位的話，常有意外之財，對人是好的，常因意外之財會很高興。但對整個人生架構來說，並不見得好。因為有火、鈴獨坐財帛宮，必是空宮型態。『命、財、官』有一個或兩個空宮，人生的命格局勢就不強了。對人生整體的打拚奮鬥能力會減弱，成就也就不會太好。

**有火、鈴在財帛宮時**，其人易愛佔小便宜，投機取巧，做事不踏實，常想有意外好運，反而不事努力，一生只在等待好運，故人生是怠惰不積極的，還會忙碌的很，儘忙一些不重要或對人生無意義的事，常

是無用之人。

有火、鈴在財帛宮形成『火貪格』、『鈴貪格』時，在錢財上會多得，會有好的突發之機會，但也會造成前述之不好的現象。**有暴發格在『命、財、官』的人**，本命也要強，才能利用暴發格完成主貴的人生。倘若本命不強，奮鬥力不足，智慧不足，就會一直沈淪在小的暴發運的快樂中，成為無用之人。

暴發運有暴起暴落的現象。嚴格的說起來，『命、財、官』有火、鈴所形成之暴發格時，仍會有『刑財』的問題，財會快來快去，留存不住的狀況。

## 有火、鈴和財星同宮所形成的『刑財』格局

**當火星或鈴星和武曲、天府、太陰、化祿或祿存同宮時，**就是『刑

財』格局。是因為太急、太快、理財不清楚、不仔細、馬虎、耗財太快所造成的『刑財』。

**火、鈴和天府同宮**，是耗財快，算不清楚，馬虎、財庫帳不清、耗財多而刑財的。**太陰和火、鈴同宮**，是儲蓄和基本薪水之資存不住，或因急躁、馬虎進不來，而耗財、失財的。**有化祿和祿存和火、鈴同宮時**，是因速度太快，馬虎而『祿逢沖破』的。

有些學生和來論命者，常問我：『我這個天府、太陰是旺的，很有錢啊？為什麼會沒錢呢？』

他忘了，他的天府或太陰是和火星或鈴星同宮的，這就是『刑財』格局。火、鈴的速度快，所以刑財也刑的快，一下子就財光了，真是一眨眼的工夫就財來財去了，非常快，錢都沒摸熱呢！

有些人也看不見自己命盤上祿存、化祿和火、鈴同宮的問題，一直在找自己的財祿，常問：為什麼沒有了，這也是『祿逢沖破』的關係所在，財祿根本被沖掉了，根本沒進來。

## 在財帛宮有火、鈴和官星同宮所形成的『刑官』格局時

在財帛宮有火、鈴和紫微、太陽、廉貞、天梁形成『刑官』格局時，表示財不多，會快來快去，也可能有意外之財，但變化快，耗財更快。

**『紫微、火星』**或**『紫微、鈴星』在財帛宮中，在午宮**，表示錢財順利，但會有意外事件耗財或得些小財。但此財富層級是受到刑剋的層級，會只是一般小市民略富裕的、有生活之質的財祿而已，不會成為大富翁。**在子宮**，你只是比貧窮略好的層級而已。因為紫微居平，火、鈴居陷。

※當鈴星在財帛宮居旺時，會有一些奇怪的錢入帳

**在財帛宮有火、鈴和太陽同宮時的『刑官』格局**，太陽居旺時，財運尚好，但進財和耗財快，太陽居陷時，財運不順。『太陽、火、鈴』在戌宮時，太陽居陷，火、鈴居廟，錢財不順，耗財多，但偶有意外之財。此『太陽、火、鈴』的格局會有火災，要小心。

**『廉貞、火星、鈴星』同宮時的『刑官』格局**，如有貪狼同宮，或在對宮相照，會有偏財運、暴發運，能暴發。其他如『廉殺、火、（鈴）』或『廉破、火（鈴）』則主凶，爭鬥多，爭鬥激烈，損耗多，無法進財。

**『天梁、火星（鈴星）』同宮時的『刑官』格局**，會在錢財上不能因名聲或升官得到錢財，因為太草率、馬虎的關係，也會理財能力、知識水準不佳，更會因貴人運不實在的幫忙而失去賺錢機會。這同時也是

# 羊陀火鈴

『刑蔭』格局。

**財帛宮有火、鈴形成『刑福』格局時**，會因草率，理財能力不佳，或思想上有邪佞想法，投機取巧，或走偏路，而得財少、耗財多。財帛宮有『刑福』格局時，基本上就是『機月同梁』格被刑剋了。因此做上班族，也會因小聰明而斷斷續續，工作不賣力，工作常停頓，錢財也不順。

## 財帛宮有火、鈴和殺、耗、暗、劫等星同宮時

**財帛宮有火、鈴和七殺、破軍、巨門、地劫、天空等星同宮時**，全都是刑剋財的『刑財』格局，只有破耗不吉，沒有好處的。火、鈴居旺的意外之財也會不發了。在錢財上的是非爭鬥凶，賺錢不易，花錢又凶，入不敷出，手邊常困窘。

**有『火星、天空』同宮或『火星、地劫』同宮在財帛宮時**，常好像突然有錢要進，但總等不到，財又空了。或一下子有財來，但立即又空了。手邊還是常無財。你在賺錢上也是本領不佳、賺不到什麼錢的。縱然有人把錢交到你手上，也是快速流失，非常麻煩。

## 第三節　火、鈴在官祿宮對人的影響

**火、鈴在官祿宮時**，代表其人的聰明才智都是一時的，不長久的。會有急智，但沒有大用，沒有真智慧。也表示是刑剋事業的，爭鬥多，變化快速，且有草率、馬虎、做不好事，亦會有突發事件而遭災的。也容易做做停停、斷斷續續。你會有三分鐘熱度和興趣來做事，但興趣一過便不好好做完。你更會虎頭蛇尾，做這一件事，又想著另一件事，東

# 羊陀火鈴

做做、西弄弄，結果都做不好，很馬虎。

**火、鈴在官祿宮最差的就是『刑官』格局**，會腦子不清楚，做事沒重點，東做做、西做做，斷斷續續，不長久。因為火、鈴就是不穩定、粗糙的感覺，故會危害奮鬥力。火、鈴好的地方是應變能力強，善於變化，做新奇的事務，有新鮮感，創作類，或變化大的事務能勝任愉快。有時也會因突發奇想而有意外好運。

**火、鈴在官祿宮為『刑財』格局時**，會因財來財去的關係，或有怪異聰明耗財或財跑掉了。讓你的工作也會斷斷續續，不長久。進財少、或事業發展快速而膨脹太大而倒閉。

**火、鈴在官祿宮為『刑福』格局時**，會因你原本是『機月同梁』格的人，會做薪水族的薪資享受不太多。工作也會斷斷續續不長久，也會使你享不到薪水階級的財福。你更會理財能力不好、頭腦不清楚、常耗財，對自己不利。

**火、鈴在官祿宮為『刑運』格局時**，是『火星、天機』、『鈴星、天機』的『刑運』格局，會因自做聰明，馬虎、草率而失去工作機會，工作會斷斷續續，你也是『機月同梁』格的人，此狀況和『刑福』格局有相同的特質。

## 火、鈴在官祿宮和殺、破、巨、劫同宮時

**火、鈴和七殺、破軍、巨門、地劫、天空同宮時**，皆有在工作上爭鬥凶，工作辛苦，但好處不多，佔不到便宜，反而受其害。火、鈴和七殺、破軍同宮在官祿宮的人，你的本命就是『殺、破、狼』格局的人，性格強、狠、準。但**有火星、鈴星在官祿宮時**，在聰明才智上雖聰明，但會聰明反被聰明誤，會因求快，求準，常放棄一些要花時間或花一些

精力才能做的事情。因此你會不務實，也不會太奮鬥於某些事務上，故成功率也不高了。

**火、鈴和巨門同宮時**，最怕三合有擎羊來會，形成『巨、火、羊』的格局，有自殺和暴斃、惡死之嫌。在工作上爭鬥多，非常險惡。適合做律師、法官或在監獄、法院中工作，且是用腦，用計謀的人。

**火、鈴和天空、地劫同宮時**，是一時性急，一時又沒有主意的狀態。在官祿宮時，常會斷斷續續的工作、失業或根本不工作，也為無用之人。有其他的吉星同宮還好，會有工作，但不長久。火（鈴）、天空（地劫）和巨門、擎羊同宮在官祿宮時。**例如巨、火、羊、天空同宮時**，表示你的工作是爭鬥凶的工作。爭鬥很凶時，工作運很旺盛，爭鬥不凶時，工作沒了。有一位香港的律師來論命即是此官祿宮，他自己也說確實如此，打官司鬧得凶時，生意很多，但有時官司告一段落，結束

時，常就沒生意了。因此想要生意好，就要在官司鬧得凶時，一樁一樁的接生意，延續下去。但他說：太累了，常想休息。這一休息便很久無生意上門了。

## 第四節　火、鈴在夫妻宮對人的影響

**火、鈴在夫妻宮出現時**，代表其人的配偶是急躁、情緒不穩定的人，脾氣壞。**有鈴星在夫妻宮的人**，配偶有古怪聰明。同時夫妻宮也代表你內心的感覺系統，故你也是性格急躁、脾氣壞，不穩定的人。如有鈴星，也代表配偶和你內心有古怪念頭。亦代表夫妻間常有火爆場面、感情常有磨擦。配偶在工作上會有意外和斷斷續續或高低的起伏狀況。有這些狀況時，就會影響家計。倘若配偶和你是本命財多及能力強的

人，就不怕這些耗弱的影響。但也要小心有衝突而離婚的現象。

**火、鈴在夫妻宮有『刑財』格局時**，表示配偶和你都會脾氣古怪，進財少，耗財多，對錢財太馬虎、草率、理財能力有瑕疵，留不住錢。有『火貪格』、『鈴貪格』在夫妻宮的人，雖會有偏財運、暴發運，但夫妻二人都很古怪，有特殊的想法，做事匆忙，人際關係是不講究的，也會差一些的，對人是不真誠的。

**火、鈴在夫妻宮有『刑官』格局時**，表示配偶會工作斷斷續續或太急躁、草率，做事不精細，也不夠認真，以致於不實際，人生成就會打折扣。同時在你的心中也會有這些問題想法。你是認同及喜歡他這樣的個性的，所以也不能怨配偶工作上有起伏的問題了。

**火、鈴在夫妻宮有『刑運』格局時**，配偶和你都會因為聰明太過，又是一時的小聰明，而不利於工作。但問題不大。只是錯過一些機會而

已。配偶也會因一時自做聰明而失業，或運氣不好。

**火、鈴在夫妻宮有『刑福』格局時**，表示配偶是因急躁，草率享不到福祿。而你也會在心態上有相同的看法。配偶會工作有起伏或斷斷續續，但你仍會接受這樣的事實。

## 火、鈴在夫妻宮和殺耗、巨門、劫等星同宮時

當火、鈴和七殺、破軍、巨門同宮時，表示夫妻間爭鬥凶，婚姻運不佳，是非多，你也會不結婚，免麻煩。同時你的內心是強悍、衝動，有不好、不正派的想法的，多是非、好爭鬥、不寧靜，縱然與夫妻宮好、心態好的人結婚，你們也會爭鬥不停，家無寧日，這是你內心思想的問題，要自己改善，才會有美滿婚姻。

**當火、鈴在夫妻宮和天空、地劫同宮時**，表示你的頭腦常空空，有

時候突然性急或有一些想法，但一下子就忘記了，再也想不起來。**倘若夫妻宮有火、鈴和其他的吉星同宮，又加一個地劫或天空**，你會一時衝動而結婚，也會一時衝動想離婚。你的腦子常有不確定的想法，情緒也起伏不定，容易拿不定主意。倘若如此的夫妻宮又坐在寅、申宮，對宮又有另一個天空或地劫來相照，思想問題就更嚴重了。也會不婚或迷迷糊糊的結婚、離婚，而搞不清為什麼結婚、離婚了。

倘若夫妻宮中有火星（鈴星）、天空、地劫同在巳、亥宮，則不論其中是否再有其他星曜，皆是不婚的現象。而你心中是頭腦不清楚的，根本不知人生意義為何，常有頹廢或清高思想，一生也不會對什麼有興趣，也失去打拼能力，糊塗混日子罷了。

## 第五節　火、鈴在遷移宮對人的影響

當火、鈴進入人的遷移宮時，代表外在環境中是很急躁，不安，多是非、爭鬥，且火爆的環境。**當『命、遷』二宮形成『火貪格』或『鈴貪格』時**，你的外在環境中容易爆發財運和好運，但也常會有古怪、意外之事發生。更會有交通的意外事故。有鈴星在遷移宮時，發生意外交通事故會很古怪。

**當火、鈴在遷移宮形成『刑財』格局時**，表示在你的周遭環境中會因急躁，衝動而耗財或遭劫財。也會有原外事故而耗財。

**當火、鈴在遷移宮形成『刑官』格局時**，表示你周圍環境就是對於你的事業會造成意外衝擊，會有意外事故使你的事業不順。例如突然倒閉，或工作停擺，失業，或斷斷續續，有起伏變化。

**當火、鈴在遷移宮形成『刑運』格局時**，是『火星、天機』、『鈴星、天機』的格局，表示是周遭環境變化多，火爆、草率、自做聰明、急躁、做事馬虎、人緣不好，而運氣起伏升降大。且會有意外之災。

**當火、鈴在遷移宮形成『刑福』格局時**，是因急躁、火爆、脾氣壞而『福不全』，也會有理財能力差，享用不多的問題。一生的財富與成就也小。

## 當火、鈴在遷移宮和七殺、破軍、巨門、劫空同宮時

**當火、鈴和七殺、破軍、巨門，在遷移宮同宮時**，環境中爭鬥多，是非多，環境險惡，會刑剋生命之財，生活不容易。你會是溫和命格的人，但頭腦不聰明，性格又急躁，常會因急躁而生出是非和災禍，耗弱

了你人生的富貴。亦要小心在爭鬥環境中生存、存活不易。會有意外之災而早夭或惡死。

**當火、鈴在遷移宮和天空或地劫同宮時**，表示環境中是一急躁就有意外事故，就什麼都沒有了。你也容易在外發生車禍而喪命。因為環境中容易有衝突，也容易靜空、淨空，因此你是頭腦不清的人，也不容易得到富貴。

## 第六節　火、鈴在福德宮對人的影響

當火、鈴進入福德宮時，代表其人的腦子中還是存在非常多怪異想法的。有鈴星在福德宮時，尤其想法和觀念怪異，有古怪的聰明。

**有火、鈴在福德就是『刑福』了**。你會因為急躁、衝動而『刑

# 羊陀火鈴

福』，這是不論是否有『火貪』格、『鈴貪』格在福德宮者皆是『刑福』色彩。你會忙碌、奔波、天生靜不下來，腦子快速運作，常會頭痛、發燒，或因急躁、衝動而脾氣不好，影響自己身體。

**當火、鈴在福德宮形成『刑財』格局時**，表示你天生會因衝動和急躁來刑財。故財不多，也會有精神上的不愉快。常無緣無故的生氣。但這種『刑財』格局沒有『羊、陀』的刑財格局厲害，而且會快速來去，是一會兒的工夫。有時也看不出對精神上有多大傷害。但肯定是會遭耗財和劫財，財會減少的。

**當火、鈴在福德宮形成『刑官』格局時**，表示你天生會因衝動，急躁，工作能力不佳，事業有起伏。但問題也沒『羊陀』嚴重。你天生理財和計算能力不好。很勞碌。

**當火、鈴在福德宮形成『刑運』格局時**，表示你天生會因急躁、衝

動而人緣不好，人緣、機會遭到刑剋。也會有意外事件而運氣起伏大，享受的福祿少。你會保守及憂鬱、勞碌。

**當火、鈴在福德宮形成『刑福』格局時**，這會較嚴重一些，你會天生勞碌，或有病痛、傷殘現象，精神上有磨難，會性急或因常有意外事件而不愉快。

## 當火、鈴在福德宮和七殺、破軍、巨門、劫空同宮時

**當火、鈴在福德宮和七殺、破軍、巨門同宮時**，表示沒福氣，你的性格暴烈，太急躁、衝動、勞碌，沒福享，且多是非爭鬥，一生勞苦，也會有意外事件或傷害、車禍發生，傷到生命之財（健康），因此狀況嚴重。

**當火星、鈴星在福德宮和地劫、天空同宮時**，亦表示享不到福、頭

腦空空，會有意外之災，好事因為急而成空，享受不到。亦會短命，勞碌，沒有人生目標，做事沒原則。

# 第十三章　火、鈴在『兄、疾、田』、『父、子、僕』對人的影響

火、鈴在『兄、疾、田』和『父、子、僕』對人的影響，其實相對的來說，已經比在『命、財、官』、『夫、遷、福』來說，相對的已經力量減少很多了。它們不會直接刑剋人的福氣，而是間接的，透過家人或旁人的關係來刑剋你。但仍是有急躁、衝動的特質，也是以意外、突發的問題來刑剋你。刑剋的層次也不算太嚴重了。

火、鈴在六親宮以及疾厄宮、田宅宮中的現象前面已有敘述，不再贅言。現在專談三合宮位的影響。

**火、鈴在『兄、疾、田』一組三合宮位中出現，對女人來說**，影響身體健康狀況比較大。因為疾厄宮代表的是健康，而女人的田宅宮代表的是子宮部位，有火、鈴出現此三合宮位時，因三合相照的結果，健康是堪慮的。會有一些怪病出現。例如長瘤、或腫瘤，或其他血液或因火氣大、陰陽不調而起的問題。

**在男人方面來說**，則會影響家庭層面較大。因為兄弟宮和田宅宮都代表家庭。在此三合宮位中有火、鈴三合相照，家中易有火爆現象和突發事件，如病災、傷災，影響家庭，也會讓你忙不完。

**火、鈴在『父、子、僕』一組三合宮位中出現**，對任何人來說都有遺傳上的問題和人際關係上的問題。但這很多問題會是隱性的，不明顯的。例如火、鈴在父母宮或子女宮出現，父母、子女會遺傳到怪怪的聰明，或有一些不明顯或無傷大雅的遺傳因子，也很能遺傳到有六個手指

頭，或耳朵邊有一個小肉瘤像小耳朵一樣。因為這些用小手術便可切除，因此無大礙。

有火、鈴在『父、子、僕』中任何一宮位出現，你和此宮位所代表之親人或朋友，總是有較多的磨擦，也會影響整個人生大局。但問題是不嚴重的。

# 如何創造事業運

人生中有千百條的道路，
但只有一條，是最最適合你的，
也無風浪，也無坎坷，可以順暢行走的道路
那就是事業運！
有些人一開始就找對了門徑，
因此很早、很年輕的便達到了目的地，
成為事業成功的菁英份子。
有些人卻一直在茫然中摸索，進進退退，虛度了光陰。
屬於每個人的人生道路不一樣，屬於每個人的事業運也不一樣
要如何判斷自己是否走對了路？
一生的志業是否可以達成？
地位和財富能否得到？在何時可得到？
每個人一生的成就，在紫微命盤中都有顯示，
法雲居士以紫微命理的方式，幫助你檢驗人生，
找出順暢的路途，完成創造事業運的偉大工程！

# 第十四章 『羊陀、火鈴』之總論

羊、陀、火、鈴在每個人的命盤中都會出現，這四顆星是由年份和時辰所形成的制化標準。羊、陀是干系星，火、鈴是時系星。它們在命格中的組合，形成一種表達人生財富、能力、智慧、運氣……種種不同的命運結構。所以說『羊陀火鈴』就是來增減命格格局，表達高低層次、富貴階級的不同，是一種加減人的命局、命運的關鑑之星，是一點也不為過的。

我們在研究命理的時候，常常會問：為什麼沒錢呢？為什麼事業不順呢？為什麼運氣不夠好呢？只要看看羊陀火鈴在那裡，又形成什麼樣的格局，是『刑財』？或是『刑官』？亦或是『刑福』？便可一目瞭然了。

現今的人論命時，常要故意忽略這四顆星的存在，或是不願相信它們的影響力這麼大。但事實就是事實，影響是十分明顯的。

在羊、陀、火、鈴四顆星凶剋程度上，擎羊最凶，陀羅次之，而火、鈴算是弱的。但擎羊、陀羅居廟時，仍能造就好人才，有時也能對國家、人民有利。幫助人多謀善慮而成功。有時在某些人的命格中還慶幸得了這麼一顆居廟的刑星幫助，才能完成大業呢！火、鈴的助財、助運也會是大家喜愛的特質。因此我們在研究命理時，不要太過於偏激，要儘量發揮其刑星的善面，就會對人生有利。修改及抵制刑星的惡面，也能阻擋災禍的發生，這就全賴我們的人生智慧來制化這些刑星的厲害了。

總而言之，用我常說的一句話送給各位讀者，『人若是想過好日子，要好好的過，用心的過。把傾斜的扶正，把破敗的收拾起來，只要用心向好的方面去做，去努力，總會好一點的，最終也有成功的一天的。』所以羊陀、火鈴的刑剋並不可怕，只是你要把它變做對自己有用的東西罷了。

# 權 祿 科

法雲居士⊙著

在每一個人的生命歷程中，都會有能掌握一些事情的力量，和對某些事情能圓融處理。又有某些事情是使你頭痛或阻礙你、磕絆你的痛腳。這些問題全來自於出生年份所形成的化權、化祿、化科、化忌的四化的影響。

『權、祿、科』是對人有利的，能促進人生進步、和諧、是能創造富貴的格局。『權、祿、科』的配置好壞就是能決定人生加分、減分的重要關鍵所在。

這是一套七本書的套書，其餘是『羊陀火鈴』、『化忌、劫空『昌曲左右』、『殺破狼』、『府相同梁』。

這套書是法雲居士對學習紫微斗數者常忽略或弄不清星曜特質，常對自己的命格有過高的期望或過於看輕的解釋，這兩種現象都是不好的算命方式。因此，以這套書來提供大家參考與印證。

# 十干化忌

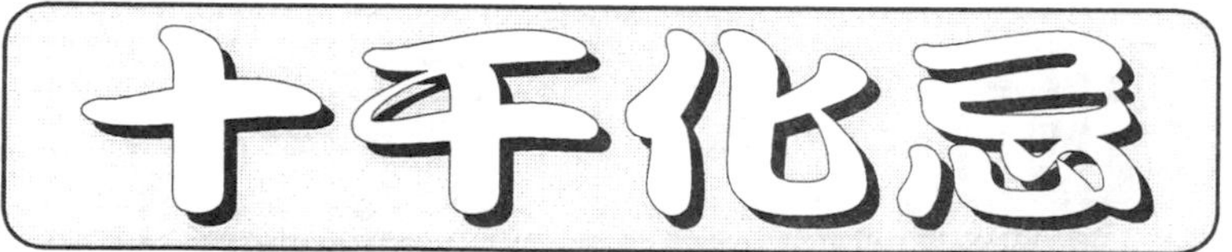

法雲居士⊙著

『權祿科忌』是一種對人生的規格與約制，十種年干形成十種不同的、對人命的規格化，以出生年份所形成的四化，其實就已規格化了人生富貴與成就高低的格局。

『權祿科』是決定人生加分的重要關鍵，
『化忌』是決定人生減分的重要關鍵，
加分與減分相互消長，形成了人世間各個不同的人生格局。『化忌』也會是你人生命運的痛腳及力猶未逮之處。

這是一部套書，其餘是『羊陀火鈴』、『權祿科』、『天空、地劫』、『昌曲左右』、『殺破狼』、『府相同梁』。

這套書是法雲居士對學習紫微斗數者常忽略或弄不清星曜特質，常對自己的命格有過高的期望或過於看輕的解釋，這兩種現象都是不好的算命方式。因此，以這套書來提供大家參考與印證。

# 紫微命格論健康

法雲居士⊙著

在中國醫藥史上，以五行『金、木、水、火、土』便能辨人病症，
在紫微斗數中更有疾厄宮是顯示人類健康問題的主要窗口，
健康在每個人的人生中是主導奮發力量和生命的資源，
每一種命格都有專屬於自己的生命資源，
所以要看人的健康就不是單單以疾厄宮的內容為憑據了，
而是以整個命格的生命跡象、運程跡象為導向，來做為一個整體的生命資源的架構。
沒生病並不代表身體真正的健康強壯、生命資源豐富。
身體有隱性病灶、殘缺的，在命格中一定有跡象顯現，

健康關係著人生命的氣數和運程的旺弱氣數，
如何調養自身的健康，不但關係著壽命的長短，也關係著運氣的好壞，
想賺錢致富的人，想奮發成功的人，必須先鞏固好自己的優勢、資源，
『紫微命格論健康』就是一本最能幫助你檢驗出健康數據的書。

# 你的財要怎麼賺

這是一本教你如何看到自己財路的書。
人活在世界上就是來求財的！
財能養命，也會支配所有人的人生起伏和經歷。
心裡窮困的人，是看不到財路的。
你的財要怎麼賺？人生的路要怎麼走？
完全在於自己的人生架構和領會之中，
法雲居士利用紫微命理為你解開了這個
人類命運的方程式，
劈荊斬棘，為您顯現出你面前的財路，
你的財要怎麼賺？
盡在其中！

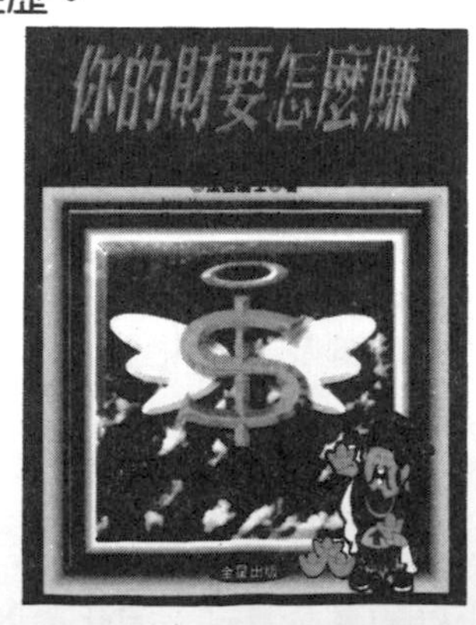

命理生活新智慧・叢書

# 紫微格局看理財

『理財』就是管理錢財。必需愈管
多！因此，理財就是賺錢！
每個人出生到這世界上來，就是來
錢的，也是來玩藏寶遊戲的。
每個人都有一張藏寶圖，那就是你
紫微命盤！一生的財祿福壽全在裡
了。
同時，這也是你的人生軌跡。
玩不好藏寶遊戲的人，也就是不瞭
己人生價值的人，是會出局，白來
個世界一趟的。
因此你必須全神貫注的來玩這場尋
遊戲。
『紫微格局看理財』是法雲居士用
湛的命理方式，引領你去尋找自己
寶藏，找到自己的財路。
並且也教你一些技法去改變人生，
自己更會賺錢理財！

命理生活新智慧02

# 如何掌握 旺運過一生

◎「時間」是天地間一切事物的轉機

◎如何利用命理中特定的時間反敗為勝

這是一本教你如何利用「時間」來改變自己命運的書！
旺運的時候攻，弱運的時候守，人生就是一場攻防戰。這場仗要如何去打？
為什麼拿破崙在滑鐵盧之役會失敗？
為什麼盟軍登陸奧曼第會成功？
這些都是「時間」這個因素的關係！

在你的命盤裡有那些居旺的星？它們在你的生命中扮演著什麼樣的角色？它們代表的是什麼樣的時間？在你瞭解這些隱藏的玄機之後，你就能掌握成功、登上人生高峰！

# 你的桃花運

如何掌握
你的桃花運

桃花運不但有異性緣，
也有人緣，還主財運、官運，
你知道如何利用桃花運來增財運與官運的方法嗎？
桃花運太多與桃花運太少的人都有許多的煩惱！
要如何解決這些問題？如何把桃花運化為善緣？
助你處世順利又升官發財，
現代人的ＥＱ寶典！
你不能不知道！

# 紫微面相學

## 《全新修訂版》

**法雲居士⊙著**

面相』是一體兩面的事情，
們可以從一個人的外表來探測其內心世界，
可從一個人所發生的某些事情來得知此人的命運歷程。
紫微面相學』更是面相中的楚翹，
紫微命理裡，命宮主星便顯露了人一切的外在面貌、
神與內在的善惡、急躁、溫和。

『紫微面相學』能從見面的第一印象中，
立刻探知其人的內在性格、貪念，與心中最在意的事
與其人的價值觀，並且可以讓你掌握到此人所有的身家資料。
『紫微面相學』是一本教你從人的面貌上，
就能掌握對方性格、喜好，並預知其前途命運的一本書。
『紫微面相學』同時也是溫故知新、面對自己、
改善自己前途命運的一本好書！

**命理生活新智慧・叢書**

# 看人過招300回

- 如何與聰明、幹練的人過招
- 如何與陰險、狡詐的人過招
- 如何與愛錢的人過招

- 如何與勤快、愛嘮叨的人過招
- 如何與懶惰、好吃、好色的人過招
- 如何與愛權的人過招

# 如何觀命・解命

**法雲居士⊙著**

古時候的人用『批命』

是決斷、批判一個人一生的成就、功過和悔吝。

現代人用『觀命』、『解命』

是要從一個人的命理格局中找出可發揮的潛能，

來幫助他走更長遠的路及更順利的路。

從觀命到解命的過程中需要運用很多的人生智慧，但是我們可以用不斷的學習

就能豁然開朗的瞭解命運。

法雲居士從紫微命理的觀點來幫助你找出命中的財和運，

也幫你找出人生的癥結所在。

這本『如何觀命・解命』也徹底讓你弄清楚算命的正確方向。

**法雲居士⊙著**

一般人從觀命開始，把命看懂了之後，就想改命了。

命要怎麼改？很多人看法不一。

改命最重要的，便是要知道命格中受刑傷的是那個部份的命運？

再針對刑剋的問題來改。

觀命、解命是人生瞭解命運的第一步。

知命、改命、達命，才是人生最至妙的結果。

法雲居士用紫微命理的觀點來協助你進入知命、改命，以致於達命的人生境界。這本『如何觀命・改命』會幫助你過更好的日子，更清楚自己的人生方向。

命理生活新智慧・叢書

《上、中、下、批命篇》四冊一套

◎法雲居士◎著

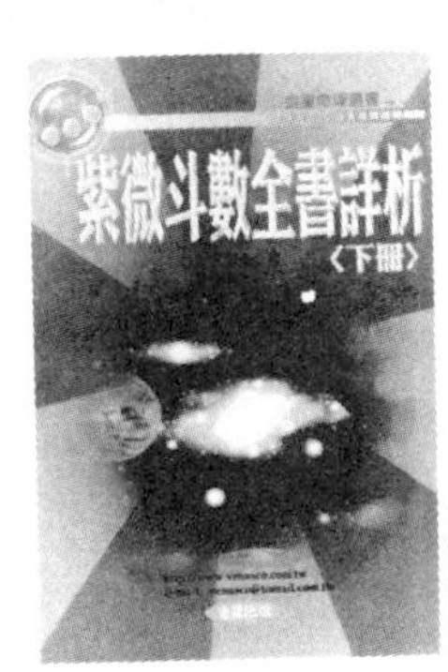

『紫微斗數全書』是學習紫微斗數者必先熟讀的一本書。但是這本書經過歷代人士的添補、解說或後人在翻印上植字有誤，很多文義已有模糊不清的問題。

法雲居士為方便後學者在學習上減低困難度，特將『紫微斗數全書』中的文章譯出，並詳加解釋，更正錯字，並分析命理格局的形成，和解釋命理格局的典故。使你一目瞭然，更能心領神會。

這是一本進入紫微世界的工具書，同時也是一把打開斗數命理的金鑰匙。

# 你的財要怎麼賺

這是一本教你如何看到自己財路的書。
人活在世界上就是來求財的！
財能養命，也會支配所有人的人生起伏和經歷。
心裡窮困的人，是看不到財路的。
你的財要怎麼賺？人生的路要怎麼走？
完全在於自己的人生架構和領會之中，
法雲居士利用紫微命理為你解開了這個
人類命運的方程式，
劈荊斬棘，為您顯現出你面前的財路，
你的財要怎麼賺？
盡在其中！

此書為法雲居士重要著作之一，主要論述紫微斗數中的科學觀點，在大宇宙中，天文科學中的星和紫微斗數中的星曜實則只是中西名稱不一樣，全數皆為真實存在的事實。

在紫微命理中的星曜，各自代表不同的意義，在不同的宮位也有不同的意義，旺弱不同也有不同的意義。在此書中讀者可從法雲居士清晰的規劃與解釋中對每一顆紫微斗數中的星曜有清楚確切的瞭解，因此而能對命理有更深一層的認識和判斷。

此書為法雲居士教授紫微斗數之講義資料，更可為誓願學習紫微命理者之最佳教科書。

# 如何觀命・解命
# 如何審命・改命
# 如何轉命・立命

法雲居士⊙著

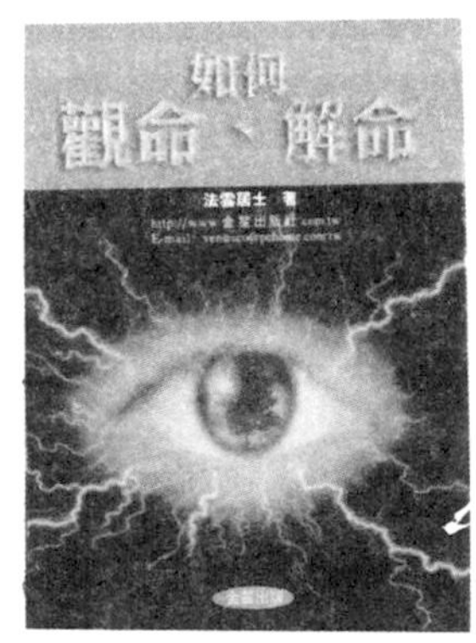

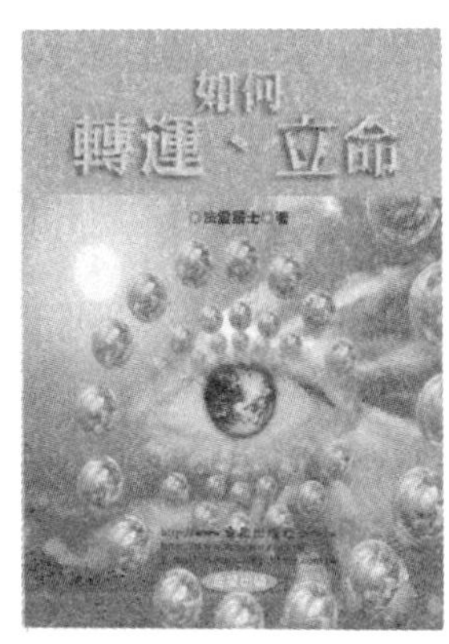


古時候的人用『批命』，是決斷、批判一個人一生的成就、功過和悔吝。
現代人用『觀命』、『解命』，是要從一個人的命理格局中找出可發揮的潛能，來幫助他走更長遠的路及更順利的路。
從觀命到解命的過程中需要運用很多的人生智慧，但是我們可以用不斷的學習，就能豁然開朗的瞭解命運。

一般人從觀命開始，把命看懂了之後，就想改命了。
命要怎麼改？很多人看法不一。
改命最重要的，便是要知道命格中受刑傷的是那個部份的命運？
再針對刑剋的問題來改。
觀命、解命是人生瞭解命運的第一步。
知命、改命、達命，才是人生最至妙的結果。

這是三冊一套的書，由觀命、審命，繼而立命。由解命、改命，繼而轉運，這其間的過程像連環鎖鍊一般，是缺一個環節而不能連貫的。
常常我們對人生懷疑，常想：要是那一年我所做的決定不是那樣，人生是否會改觀了呢？
你為什麼不會做那樣的決定呢？這當然有原因囉！原因就在此書中！

命理生活新智慧・叢書 46

# 如何推算大運・流年・流月

## （上、下二冊）

全世界的人在年暮歲末的時候，都有一個願望。都希望有一個水晶球，好看到未來一年中跟自己有關的運氣。是好運？還是壞運？
中國人也有自己的水晶球，那就是紫微命理精算時間的法寶。在紫微命理中不但可看到你未來一年的命運，更可以精確的看到你這一生中每一個時間，年、月、日、時的運氣過程。非常奇妙。
『如何推算大運・流年・流月』這本書，是法雲居士利用紫微科學命理教你自己學會推算大運、流年、流月，並且包括流日、流時等每一個時間點的細節，讓你擁有自己的水晶球，來洞悉、觀看自己的未來。從精準的預測，繼而掌握每一個時間關鍵點。

這本『如何推算大運・流年・流月』下冊書中，法雲居士利用紫微科學命理教你自己來推算大運、流年、流月，並且將精準度推向流時、流分，讓你把握每一個時間點的小細節，來掌握成功的命運。
古時候的人把每一個時辰分為上四刻與下四刻，現今科學進步，時間更形精密，法雲居士教你用新的科學命理方法，把握每一分每一秒。
在每一個時間關鍵點上，你都會看到你自己的運氣在展現成功脈動的生命。

法雲居士⊙著

金星出版